丛书编委会

華信經管

「营改增」新政解读与税务处理

——建筑与房地产业

蔡昌 主编

黄洁瑾 鲁兵兵 罗怡霏 副主编

電子工業出版社

Publishing House of Electronics Industry

北京·BEIJING

内 容 简 介

"营改增"在我国全面推开，金融与保险业，建筑与房地产业，生活与现代服务业，交通运输、邮政电信业，以及无形资产与跨境涉税领域等都受到严重冲击，一个崭新的增值税时代的帷幕已经拉开。如何深度解读"营改增"新政，如何进一步适应增值税制度，是摆在企业面前一件亟须解决的大事。

本书以建筑与房地产业"营改增"的新政解读为切入点，全面分析"营改增"的影响及政策含义，对建筑与房地产业产生进项税额和销项税额的业务进行深入剖析，阐释建筑与房地产业的"营改增"难题及其解决方案，并对后"营改增"时代的税收筹划进行科学规划。

图书在版编目（CIP）数据

"营改增"新政解读与税务处理．建筑与房地产业 / 蔡昌主编．—北京：电子工业出版社，2016.9

ISBN 978-7-121-29472-3

Ⅰ．①营…　Ⅱ．①蔡…　Ⅲ．①建筑业－增值税－税收管理－中国　②房地产业－增值税－税收管理－中国　Ⅳ．① F812.424

中国版本图书馆 CIP 数据核字 (2016) 第 172582 号

策划编辑：徐　颢
责任编辑：徐　颢
印　　刷：北京嘉恒彩色印刷有限责任公司
装　　订：北京嘉恒彩色印刷有限责任公司
出版发行：电子工业出版社
　　　　　北京市海淀区万寿路 173 信箱　　　邮编：100036
开　　本：880×1230　1/32　印张：9.875　字数：190 千字
版　　次：2016 年 9 月第 1 版
印　　次：2016 年 9 月第 1 次印刷
印　　数：3000 册　　定　价：39.00 元

凡所购买电子工业出版社图书有缺损问题，请向购买书店调换。若书店售缺，请与本社发行部联系，联系及邮购电话：(010)88254888，88258888。

质量投诉请发邮件至 zlts@phei.com.cn，盗版侵权举报请发邮件至 dbqq@phei.com.cn。

本书咨询联系方式：(010)88254103。

推荐序一

增值税作为流转税的宠儿，1954 年在欧洲诞生并经法国政府正式推广而名闻天下。增值税以其税收中性的独特魅力赢得世界 100 多个国家和地区的推崇。增值税风靡全球有其内在的税制优越性。

增值税在我国的推行经历以下关键路线：1979 年我国开始引进增值税，在少数行业和少数地区实行征收试点后，1984 年由国务院经全国人大授权颁布《中华人民共和国增值税条例（草案）》，在国内正式确立增值税制度；1994 年的分税制改革，我国实行生产型增值税制度，意味着货物、服务税制的彻底分离；2009 年我国进行增值税转型改革，实行“消费型”增值税，允许设备类固定资产抵扣进项税额；2012 年 1 月 1 日至 2016 年 5 月 1 日，我国推行“营改增”试点工作，彻底统一了货物、服务、无形资产、不动产等增值税制度，完善了抵扣链条。

“营改增”不仅是国家税制改革的一件大事，也是人们生活中的一件大事。“营改增”为国家经济发展、企业提速增效奠定了基础性条件。重大税改之际，特别推荐阅读蔡昌教授主编的《“营改增”新政解读与税务处理》丛书。丛书分行业讲解“营改增”新政，精选大量经典案例，娓娓道来，深入浅出，把“营改增”在各个行业的新政与实操讲清楚了。

作为老同事、老朋友，我对蔡昌教授这些年来一直致力于税收理论的研究和实务应用表示赞赏，他勇往直前的探索精神和无私的奉献精神饱含着他对我国税收事业的热爱。

学无止境，再次祝贺丛书出版并推荐给大家阅读！

刘桓

国务院参事、著名税务专家

推荐序二

“营改增”之后，面临的一个重大问题就是增值税立法，即系统重构增值税制度。

推进增值税扩围，不仅有助于税务管理和防范税收流失，而且也对经营活动的真实性和现金流提出了强制性约束。“营改增”后的增值税立法，不仅是一次重塑税制公平原则的良机，也是一次构建税收信用的契机。在国家治理的新时期，抓住千载良机，创造一个公平透明的货劳税制度，是我们财税领域各位同仁的共同责任。

蔡昌教授治学严谨，受人尊重，一直是我非常尊重的财税领域的专家、好友。我喜欢蔡昌教授在接受《新理财》杂志记者采访时说过的一句话：全面推行“营改增”，其价值在于“公平透明、减税增信”。的确如此，“营改增”不仅促进税制公平和信息公开透明，还合理降低了企业税负，有效增强了社会各界的税收信用度，对我国税制改革和税收信用建设起到重要的推动作用。

为国护税，助力国家税改；为民解惑，保障企业安全——祝贺《“营改增”新政解读与税务处理》丛书出版，丛书分行业阐述，实务性强，对企业纳税和会计处理均具有重要指导作用。

全国政协委员、中国注册税务师协会副会长

推荐序三

“营改增”不仅是中国经济发展的助推器，其对世界税制的建设也具有示范效应。全面推行“营改增”后，我国不仅实现了货物、服务、劳务的一体化征税，各行业之间基本实现了税制公平，也预示着我国在金融业率先实行增值税制度，成为世界范围内金融领域第一次大规模采用增值税制度的成功变革，必将为世界增值税制度改革提供研究样本和实践案例。

从改革成效看，“营改增”解决了重复征税问题，完善了税制，推动了经济结构调整。“营改增”的全面推行，对中国乃至世界税制都将产生积极而深远的影响。“营改增”是一种减税制度设计，也是国家减税战略的一部分，企业也因“营改增”推行，整体税负呈现一种下降趋势。自“营改增”推行始，中国开启增值税新时代。

蔡昌教授主编的《“营改增”新政解读与税务处理》丛书正式面世，嘱我写几句话，在此予以隆重推荐，希望能够引起大家对“营改增”税制改革的关注和兴趣！

著名会计学家、中国会计学会常务理事

丛书前言

开启增值税的新时代

一、从营业税到增值税的逻辑

营业税是一个古老的税种，我国周代的商贾虞衡、汉代征收的算缗钱都属于营业税的雏形。明代征收的“市肆门摊税”、清代的铺间房税、晚清的厘金制，都可以视为营业税的前身。民国初年，我国从国外引入“营业税”名称①，国民政府的“裁厘加税”改革，将牙税、厘金、执照税、牌照税都纳入营业税中，营业税的范围逐渐扩大。

新中国成立后，我国政府将营业税作为重要的税种纳入工商税制中。1984 年，工商税制改革，更加凸显了营业税的地位，国务院颁布的《中华人民共和国营业税条例（草案）》规范了营业税的征收范围及相关税制。1994 年，我国进行分税制改革，确立在销售货物（部分劳务）征收增值税的条件下，营业税主要针对交通业、通信业、金融保险业、服务业等行业征收，实行差别比例税率，体现行业税负差别。营业税实际上也是中央和地方共享税，营业税在为政府筹集财政收入的同时，其本身“道道征税，不扣减成本费用”的特点，也使营业税纳税人承担着较重的税收负担。

营业税和增值税并行造成商品劳务税制的分离和税负不平等。增值税作为流转税的宠儿，最早于 1954 年在法国成功推行。增值税以其税收中性的独特魅力受到世界多数国家的推崇。我国在 1979 年

① 民国初年的“营业税”实际上指执照税。

开始引进增值税，在少数行业和少数地区实行征收试点后，于1984年由国务院经全国人民代表大会授权颁布《中华人民共和国增值税条例(草案)》，在国内正式确立了增值税制度。1994年的分税制改革，我国实行了生产型增值税制度，也意味着中国商品、服务税制的彻底分离。由于生产型增值税对投资具有抑制作用，为鼓励投资和产业结构调整，我国对增值税进行转型改革，实行"消费型"增值税，扩大了抵扣范围，减轻了增值税纳税人的税收负担。在增值税完成转型改革后，增值税、营业税纳税人税负不平等更加凸显。实行商品、服务、劳务一体化征税，减少服务业等第三产业的重复征税，完善增值税抵扣链条，实现商品劳务税制公平，成为广大纳税人的共同期盼。

二、"营改增"是中国税制的一场深刻革命

2014年以来，我国经济发展步入新常态。加快税制改革，减轻第三产业的税收负担，成为促进产业结构调整的重要选择。受西方主权国家债务危机冲击，面临出口受阻、产能过剩，我国宏观经济政策从扩大投资转向结构性减税，希望通过减轻税收负担，增强企业活力，发挥市场配置资源的基础性作用。因此，我国扩大增值税征收范围，以"中性"的增值税替代营业税，彻底实现商品、服务、劳务税制统一，彻底解决困扰服务业发展的重复征税问题，完善整个经济活动中的增值税抵扣链条，激发企业技术创新和结构调整的积极性，推动生产型服务业发展，推动产业结构优化和升级。全面实行增值税是中国税制改革的一场革命，能够基本消除流转环节中的重复征税，体现出增值税的中性特征和公平性税制优势。

"营改增"成为我国财税改革的新起点。全面实行增值税不仅是促进经济"稳增长、调结构"的关键点，也是深化财税体制改革的新基点。"营改增"完成和改革过渡期结束后，中央和地方之间财权重新划分的问题就浮出水面。由于"营改增"后地方财政收入占全国财政收入的比重下降，原本十分尖锐的地方财权和事权不相匹配

的矛盾更加突出。“营改增”倒逼整个财税体制改革，迫使政府进行事权、财权重新配置，推动我国分级财政管理体制改革。

我国的“营改增”对世界税制建设具有示范效应。全面推行“营改增”后，我国不仅实现了商品、服务、劳务的一体化征税，实现了税制基本公平，也标志着我国在金融保险业率先实行增值税制度，成为世界上其他国家或者经济体金融税制改革的一个样本。我国在金融业税收征管中对风险控制的经验，也必定成为世界其他国家金融业税制建设的一个标杆。

“营改增”必将推动我国税收管理的现代化进程。增值税的抵扣制度设计，使得纳税人之间索要发票的积极性提高，形成一种缜密的监督约束机制。但是，“营改增”之后，由于纳税人数量的激增，税务征管任务变得更加繁重。为了提高征管效率，税务部门推进税收信息化，增强与其他部门之间的信息交换，大力推行电子发票，从而推动税收管理组织再造和流程重构。

总之，“营改增”在我国的全面推行，对税收制度将产生深远影响，不仅能够消除重复征税，完善增值税抵扣链条，还能促进税制更趋于公平合理。“营改增”之后，企业税收结构也会发生深刻变化，尤其是随着国家全面推行减税战略，“营改增”当属于一种减税制度设计，对于我国税制优化与转型起到重要的推动作用，“营改增”使我国逐渐步入增值税新时代。

三、“营改增”对不同行业的税制产生重大影响和冲击

实施“营改增”，最大的效应在于“公平税制、降税增信”，即不仅能够促进税制的公平性，还能合理降低企业税负，有效增强纳税人的税收信用，对我国税制改革起到重要的推动作用。“营改增”不是税制改革的终点，而是税制改革的起点，并将成为中国税制改革的关键性环节和重要里程碑。

“营改增”对不同行业产生不同的影响和冲击。建筑业在“营改增”后面临着较大的税负波动及管理行为调整，即建筑业原来适用

的营业税税率仅为3%，而“营改增”后建筑业的销项税率为11%，如果不能够充分抵扣进项税额，将面临税负的显著性增加。但由于砂、石料、土等就地取材的建筑材料很难取得进项税额，加上建筑企业人工费用呈逐年增长之势，这无形中扩大了不能抵扣的进项税额的比例。另外，“甲供工程”、“清包工”的增多，以及挂靠业务的消失，也将推高建筑企业的实际税负率。所以，建筑企业短期内很难遏制税负增长的大趋势。

房地产业“营改增”后则享受大大的政策利好。原因在于房地产企业计算销售额时，允许以全部价款和价外费用扣除土地出让金后的余额作为销售额，虽然销项税率为11%，但允许减除土地成本，这将导致较低的实际税负率，将有助于缓解房地产业的税负压力。譬如，当土地成本占到全部价款和价外费用之和的40%时，则实际税负率就降到6.6%，相当于比原来的销售不动产营业税税负率5%高出1.6%，但此时还允许减除进项税额，即所有与购入服务、货物、无形资产、不动产有关的进项税额，只要取得增值税专用发票，就能获得进项税额抵扣，且获取的进项税额一般会超过全部价款和价外费用之和的1.6%。所以，“营改增”后房地产业最终的增值税实际税负率会低于5%，出现减税效应。

由于生活服务业所涉及的购进的进项税额不会太多，因此“营改增”后增值税实际税负率不会比6%下降很多，可能会在5%左右徘徊，这将与原来的营业税税负不存在太大差异。但是，生活服务业涉及多个领域，比如餐饮、酒店，还有日常生活服务等，还是会因为进项税抵扣情况不同而存在一定程度的税负差异。这需要针对每一类生活服务业，进行更深入的税负分析测算。另外，许多生活服务类企业不含税营业额在500万元以下，属于小规模纳税人，适用3%的征收率，其税负也较轻。

金融业企业“营改增”后采用一般计税方法，允许采用税款抵扣制。但是，由于存款利息收支不计入销项和进项，贷款方利息支出也不得抵扣增值税，因此，全范围打通增值税抵扣链条的理想与情景远未实现。“营改增”后金融业名义税率为6%，不含税销售额相当于适用的税率为5.66%，看起来略高于原来的营业税税率，但最终的实际税负率还取决于税基与进项税额抵扣情况。原来免征营业税的同业线下拆借在增值税制度下仍会享受免征增值税优惠，但年末交易累计金融商品转让价差不得结转抵减下一年度应税收入，却会稍微扩大增值税负担。另外，金融业企业普遍购置大额固定资产（包括有形动产和不动产）的概率较低，如果仅凭一些现代服务、生活服务项目抵扣进项税额，则最终金融企业的增值税负担也难以出现较大幅度的下降。

四、丛书的写作风格、结构框架及其他说明

《“营改增”新政解读与税务处理》丛书，按照不同行业特点深度阐释“营改增”新政与税务处理技巧，共分以下五个分册，即金融与保险业，建筑与房地产业，交通运输、邮政电信业，生活与现代服务业，以及无形资产与跨境涉税行为。丛书依据最新颁布的“营改增”新政、税收征管制度和企业会计准则，通过案例解读不同行业的“营改增”税制及税收法理，帮助纳税人正确掌握增值税操作实务、会计处理技巧、风险规避要点和税收筹划方法，凸显较强的实用性和可操作性。

丛书适于财税干部、企事业单位管理层及企业财务人员、税务人员阅读，也适于财经类专业的本科生、研究生以及研究人员阅读。为了完成本套丛书的研究和写作工作，我们成立了丛书编委会，全面策划、运筹丛书的框架设计、初稿写作、修改及定稿工作。丛书由中央财经大学蔡昌教授担任编委会主任。限于时间和学识水平，书中疏漏和不足之处在所难免，敬请广大读者批评指正，以便我们日后再版修订。

《“营改增”新政解读与税务处理》丛书编委会

2016年8月于北京

目 录

第一篇 "营改增"新政解读 …… 001
第一章 纳税人和扣缴义务人 …… 002
第二章 征税范围 …… 016
第三章 税率和征收率 …… 028
第四章 应纳税额的计算 …… 033
第五章 纳税义务、扣缴义务发生时间和纳税地点 …… 078
第六章 税收减免的处理 …… 085
第七章 征收管理 …… 089

第二篇 建筑业"营改增" …… 093
第八章 建筑业税制分析 …… 094
一、纳税人与扣缴义务人 …… 095
二、应税服务范围 …… 096
三、税率和征收率 …… 098
四、应纳税额的计算 …… 099
五、征收管理 …… 104
六、税收优惠 …… 108
第九章 建筑业纳税案例评析 …… 110
一、纳税人的选择 …… 110
二、一般纳税人的纳税处理 …… 111

第十章　建筑业税务风险提示 …… 116

一、税务风险 …… 116

二、风险应对策略 …… 122

第十一章　建筑业税收筹划点睛 …… 127

一、纳税人身份的税收筹划 …… 127

二、供应商选择的税收筹划 …… 130

三、固定资产购置的税收筹划 …… 131

四、合理签订总承包合同的税收筹划 …… 133

五、劳务派遣的税收筹划 …… 136

六、“甲供材”的税收筹划 …… 139

第三篇　房地产业“营改增”案例评析 …… 145

第十二章　房地产业税制分析 …… 146

一、纳税人与扣缴义务人 …… 146

二、征税范围 …… 147

三、税率和征收率 …… 148

四、应纳税额的计算 …… 149

五、征收管理 …… 164

六、税收优惠 …… 171

第十三章　房地产业纳税案例解析 …… 175

一、纳税人的选择 …… 175

二、一般纳税人的纳税处理 …… 177

三、小规模纳税人的纳税处理 …… 181

第十四章　房地产业税务风险提示 …… 183

一、房地产业“营改增”税务风险分析 …… 183

二、房地产业“营改增”税务风险应对建议 …… 185

第十五章　房地产业税收筹划点睛 …… 189

一、房地产企业纳税人身份的选择…………………… 189
二、对供应商的选择…………………………………… 190
三、税率筹划…………………………………………… 193
四、利用税收政策的筹划……………………………… 197
五、业务类型的筹划…………………………………… 207
六、汇总纳税的筹划…………………………………… 213

建筑、房地产业“营改增”特殊问题解答 …………………… 215

附 录 ………………………………………………………… 257

附 件 ………………………………………………………… 262

增值税税率及征收率明细表 ………………………………… 281

后 记 ………………………………………………………… 297

第一篇

“营改增”新政解读

2016年3月24日，财政部、国家税务总局颁布《关于全面推开营业税改征增值税试点的通知》（财税〔2016〕36号），要求自2016年5月1日起，在全国范围内的全部行业全面推开“营改增”试点，将建筑业、房地产业、金融业和生活服务业全部纳入“营改增”范围，并将企业新增不动产所含增值税纳入抵扣范围，加大企业减负力度。至此，营业税退出历史舞台，增值税全面覆盖所有行业，我国比较完整地实现规范的消费型增值税制度。

下面我们将对这次重大的税制改革政策进行深入分析，逐条解读财税〔2016〕36号文件的政策精神和操作要点。

第一章　纳税人和扣缴义务人

第一条 在中华人民共和国境内（以下称境内）销售服务、无形资产或者不动产（以下称应税行为）的单位和个人，为增值税纳税人，应当按照本办法缴纳增值税，不缴纳营业税。

单位，是指企业、行政单位、事业单位、军事单位、社会团体及其他单位。

个人，是指个体工商户和其他个人。

【解读】 销售服务、无形资产或者不动产，包括三个税目：一是销售服务，具体包括销售交通运输服务、邮政服务、电信服务、建筑服务、金融服务、现代服务、生活服务；二是销售无形资产；三是销售不动产。

这里的企业包括国有经济、集体经济、私营经济、联营经济、股份制经济、外商投资经济、港澳台投资经济、其他经济等形式的企业。

对于行政单位、事业单位、军事单位、社会团体及其他单位，只要发生了增值税应税行为，就是增值税的纳税人，就应当依法缴纳增值税。

【案例 1-1】 某市地税局将闲置的办公楼对外出租，取得的租金收入是否需要缴纳增值税？

增值税的纳税人，是指应当缴纳增值税的单位或者个人，即在中华人民共和国境内销售服务、无形资产或者不动产的单位或个人。地税局取得租金收入，符合上述政策，需要缴纳增值税，因此地税局是增值税的纳税人。

第二条 单位以承包、承租、挂靠方式经营的，承包人、承租人、挂靠人（以下统称承包人）以发包人、出租人、被挂靠人（以下统称发包人）名义对外经营并由发包人承担相关法律责任的，以该发包人为纳税人。否则，以承包人为纳税人。

【解读】 本条是关于采用承包、承租、挂靠的经营方式下界定纳税人的规定。理解本条规定应从以下几方面把握。

1.承包、承租经营

（1）承包经营。企业承包经营是发包方在不改变企业所有权的前提下，将企业发包给经营者承包，经营者以企业的名义从事经营活动，并按合同分享经营成果的经营形式。

（2）承租经营。企业承租经营，是在所有权不变的前提下，出租方将企业租赁给承租方经营，承租方向出租方交付租金并对企业实行自主经营，在租赁关系终止时，返还所承租的财产。

企业承包经营与企业承租经营相比，主要有以下差异。

（1）基本内容不同。企业承包合同的基本内容，是承包上缴利润指标以及由此产生的当事人之间的其他权利义务关系；企业承租合同的基本内容，是承租方对企业财产进行租赁经营，并向出租方交纳租金。

（2）适用范围不同。从适用范围上看，承包经营合同多适用于大中型企业，而承租经营合同则多适用于小型企业。

（3）抵押财产的提供与否不同。在承包经营合同中，承包方提供抵押财产不是合同的有效条件，而在承租经营合同中，一般会明确。

（4）对亏损的补偿来源不同。发生亏损时，承包企业只要用企业的自有资金补偿即可，而承租合同的承租方则必须以抵押财产进行补偿。

（5）新增资产的归属不同。在承包经营的情况下，承包期间新增资产的所有权性质与承包前的企业所有权性质是一致的；而在承租经营的情况下，租赁期间承租方用其收入追加投资所添置的资产，则属于承租方。

2. 挂靠经营

（1）挂靠经营的含义

挂靠经营，是指企业、合伙组织等与另一个经营主体达成依附协议，挂靠方通常以被挂靠方的名义对外从事经营活动，被挂靠方提供资质、技术、管理等方面的服务并定期向挂靠方收取一定管理费用的经营方式。

（2）挂靠经营的主要特征

第一，挂靠经营是一种借用行为。挂靠经营是挂靠方以被挂靠方的名义进行经营，所以，挂靠经营的关系实质上是一种借用关系，这种借用关系的内容主要表现为资质、技术、管理经验等无形财产方面的借用，而不是有形财产方面的借用。

第二，挂靠经营是一种独立核算行为。挂靠经营是一种自主经营的行为，而自主经营的最大的特点在于独立核算。

第三，挂靠经营是一种临时性行为。挂靠经营是一种借用行为，借用的性质决定了挂靠经营的暂时性。

3. 承包、承租、挂靠方式下界定纳税人的原则

采用承包、承租、挂靠经营方式的纳税人的界定，分为两种情况。

（1）同时满足以下两个条件的，以发包人为纳税人：一是以发包人名义对外经营；二是由发包人承担相关法律责任。

（2）不能同时满足上述两个条件的，以承包人为纳税人。

【案例1-2】甲房地产开发公司下设的全资子公司将开发一栋办公楼，由于全资子公司不具有建筑资质，全资子公司挂靠乙建筑公司进行开发。如果全资子公司承担相关的法律责任，请问谁是纳税人？如果乙建筑公司承担相关的法律责任，请问谁是纳税人？

根据规定：如果全资子公司承担相关的法律责任，则全资子公司为纳税人；如果乙建筑公司承担相关的法律责任，乙建筑公司为纳税人。

第三条 纳税人分为一般纳税人和小规模纳税人。

应税行为的年应征增值税销售额（以下称应税销售额）超过财政部和国家税务总局规定标准的纳税人为一般纳税人，未超过规定标准的纳税人为小规模纳税人。

年应税销售额超过规定标准的其他个人不属于一般纳税人。年应税销售额超过规定标准但不经常发生应税行为的单位和个体工商户可选择按照小规模纳税人纳税。

【解读】本条是关于试点纳税人分类、划分标准的规定。按照我国现行增值税的管理制度，对增值税纳税人实行分类管理。在本次“营改增”改革中仍予以沿用，将纳税人分为一般纳税人和小规模纳税人。小规模纳税人与一般纳税人的划分，以发生应税行为的年应税销售额为标准。对于一般纳税人和小规模纳税人进行区别对待，规定了不同的计税方法和凭证管理要求。

纳税人发生应税行为，当年应税销售额超过500万元（含本数）的纳税人为一般纳税人；年应税销售额未超过500万元的纳税人为小规模纳税人。

两项特殊规定：（1）年应税销售额超过规定标准的其他个人不属于一般纳税人；（2）不经常发生应税行为的单位和个体工商户可选择按照小规模纳税人纳税。另外，兼有销售货物、提供加工修理修配劳务以及应税行为，且不经常发生应税行为的单位和个体工商户也可选择按照小规模纳税人纳税。

第四条 年应税销售额未超过规定标准的纳税人，会计核算健全，能够提供准确税务资料的，可以向主管税务机关办理一般纳税人资格登记，成为一般纳税人。

会计核算健全，是指能够按照国家统一的会计制度规定设置账簿，根据合法、有效凭证核算。

【解读】本条是关于小规模纳税人可主动申请办理一般纳税人资格登记的规定。实践中，很多小规模纳税人建立健全了财务会计核算制度，能够提供准确的税务资料，满足了凭发票注明税款抵扣的管理需要。这时如果小规模纳税人向主管税务机关提出申请，可登记为一般纳税人。

年应税销售额，是指纳税人在连续不超过12个月的经营期内累计应征增值税的销售额，含减、免税销售额、发生境外应税行为销售额以及按规定已从销售额中差额扣除的部分。如果该销售额是含税的，应按照适用税率或征收率换算为不含税的销售额。

试点纳税人“营改增”试点实施前的应税行为年销售额按以下公式换算：

应税行为年销售额＝连续不超过12个月应税行为营业额合计÷（1＋3%）

按规定差额征收营业税的试点纳税人，上述公式中“应税行为营业额”按未扣除前的营业额计算。

【链接】

一、原增值税纳税人［指按照《中华人民共和国增值税暂行条例》(中华人民共和国国务院令第538号）缴纳增值税的纳税人］符合一般纳税人的标准如下：

（一）从事货物生产或者提供应税劳务的纳税人，以及以从事货物生产或者提供应税劳务为主，并兼营货物批发或者零售的纳税人，年应征增值税销售额(以下简称应税销售额）在50万元以下（含本数）的；

（二）除第（一）项规定以外的纳税人，年应税销售额在80万元以下的。

以从事货物生产或者提供应税劳务为主，是指纳税人的年货物生产或者提供应税劳务的销售额占年应税销售额的比重在50%以上。

二、增值税一般纳税人办理资格登记的有关事项，请参考《增值税一般纳税人资格认定管理办法》(国家税务总局令第22号)和《国家税务总局关于调整增值税一般纳税人管理有关事项的公告》(国家税务总局公告2015年第18号)有关规定。

如表1-1所示的是增值税一般纳税人认定规则的例外情形。

表1-1 增值税一般纳税人认定规则的例外情形

例外规定	原增值税业务的纳税人	“营改增”业务的纳税人
选择认定	非企业性单位(如行政事业单位、团体)、不经常发生应税行为的企业，可以选择按小规模纳税人纳税	应税行为年销售额超过规定标准但不经常提供应税服务的非企事业性质单位、企业和个体工商户，可以选择按照小规模纳税人纳税
必须认定	对从事成品油销售的加油站，无论是否达到一般纳税人标准，一律认定为一般纳税人	
不能认定	超过规定标准的其他个人(指自然人)不属于一般纳税人	

【案例1-3】 A企业为金融企业，2016年5月开始增收增值税，5～12月份取得销售额为1236万元。

该金融企业应登记为一般纳税人。应税行为年销售额为1236÷(1＋3%)=1200(万元)，超过了年销售额500万元的标准，故应登记为一般纳税人。

1. 特殊规定

（1）年应税销售额超过规定标准的其他个人不属于一般纳税人。

（2）不经常发生应税行为的单位和个体工商户可选择按照小规模纳税人纳税。另外，兼有销售货物、提供加工修理修配劳务以及应税行为，且不经常发生应税行为的单位和个体工商户也可选择按照小规模纳税人纳税。

（3）增值税小规模纳税人偶然发生的转让不动产的销售额，不计入应税行为年销售额。

（4）试点纳税人兼有销售货物、提供加工修理修配劳务和应税行为的，应税货物及劳务销售额与应税行为销售额应分别计算，分别适用增值税一般纳税人资格认定标准。

2. 小规模纳税人可以主动申请办理一般纳税人资格

（1）划分一般纳税人与小规模纳税人的一条重要指标，是纳税人会计核算制度健全并能够提供准确税务资料。

（2）如何理解“会计核算健全”和“能够准确提供税务资料”？

会计核算健全，是指能够按照国家统一的会计制度规定设置账簿，根据合法、有效凭证核算。会计核算健全主要是指纳税人具备以下条件：有专业的财务会计人员，能按照财务会计制度规定设置总账和有关明细账进行会计核算，能准确核算增值税销售额、销项税额、进项税额和应纳税额等。

能够准确提供税务资料，是指能够按规定如实填报增值税纳税申报表及其他相关资料，并按期进行申报纳税。

第五条 符合一般纳税人条件的纳税人应当向主管税务机关办理一般纳税人资格登记。具体登记办法由国家税务总局制定。

除国家税务总局另有规定外，一经登记为一般纳税人后，不得转为小规模纳税人。

【解读】本条所称符合一般纳税人条件，是指纳税人应税行为年销售额超过 500 万元，且不属于《营业税改增值税试点实施办法》第三条规定的不登记为一般纳税人情况的。

符合一般纳税人条件的纳税人，应当向主管税务机关申请资格登记；未申请办理一般纳税人资格登记手续的，应按销售额和相应的增值税税率计算应纳税额，不得抵扣进项税额，也不得使用增值税专用发票（含税控机动车销售统一发票）。

纳税人一经登记为一般纳税人后，不得转为小规模纳税人。原增值税一般纳税人兼有应税行为，按照规定应当申请登记一般纳税人资格的，不需要重新登记一般纳税人资格。由主管税务机关制作、送达《税务事项通知书》，告知纳税人。

第六条 中华人民共和国境外（以下称境外）单位或者个人在境内发生应税行为，在境内未设有经营机构的，以购买方为增值税扣缴义务人。财政部和国家税务总局另有规定的除外。

【解读】本条是关于增值税扣缴义务人的规定。理解本规定应从以下四个方面来把握。

（1）以购买方为增值税扣缴义务人的前提，是境外单位或者个人在境内未设立经营机构。如果境外单位或者个人在境内设立了经营机构，应以其经营机构为增值税纳税人，不存在由扣缴义务人扣缴税款的问题。

（2）扣缴义务人在扣缴增值税时，应按照以下公式计算应扣缴税额：

应扣缴税额＝购买方支付的价款÷（1＋税率）×税率

这里需要注意的是，按照上述公式计算应扣缴税额时，无论购买方支付的价款是否超过500万元的一般纳税人标准，无论扣缴义务人是一般纳税人或者小规模纳税人，一律按照境外单位或者个人发生应税行为的适用税率予以计算。

（3）境内购买方从境外单位或者个人购进服务、无形资产或者不动产的，其取得的解缴税款的完税凭证上注明的增值税额，准予从销项税额中抵扣。

（4）扣缴义务发生时间为纳税人增值税纳税义务发生的当天。扣缴义务人应当向其机构所在地或者居住地主管税务机关申报缴纳扣缴的税款。

【案例1-4】境外某企业为境内A企业提供咨询服务，该企业在境内未设立机构场所，A企业就支付给境外企业的咨询服务费需要代扣代缴增值税吗？

A企业需要代扣代缴增值税，按现代服务业6%的税率代扣代缴。中华人民共和国境外（以下称境外）单位或者个人在境内发生应税行为，在境内未设有经营机构的，以购买方为增值税扣缴义务人。

【链接】

扣缴义务人，是指负有代扣代缴他人应纳税款义务的单位或个人。税收法律法规中有关扣缴义务人的规定，实际是一种为防止税款流失而采取的征管办法。确定扣缴义务人一般基于以下两个条件：一是税务部门对纳税人的应纳税款不易管理；二是纳税人的部分资金掌握在扣缴义务人手中。

扣缴义务人与委托代征单位是两个不同的法律概念，不能将两者混为一谈。《税收征管法》第三十条规定："扣缴义务人依照法律、行政法规的规定履行代扣、代收税款的义务。对法律、行政法规没有规定负有代扣、代收税款义务的单位和个人，税务机关不得要求其履行代扣、代收税款义务。扣缴义务人依法履行代扣、代收税款义务时，纳税人不得拒绝。纳税人拒绝的，扣缴义务人应当及时报告税务机关处理。"

委托代征单位，是税务机关根据《中华人民共和国税收征收管理法实施细则》(以下简称《税收征管法实施细则》)第四十四条"税务机关根据有利于税收控管和方便纳税的原则，可以按照国家有关规定委托有关单位和人员代征零星分散和异地缴纳的税收，并发给委托代征证书。受托单位和人员按照代征证书的要求，以税务机关的名义依法征收税款，纳税人不得拒绝；如纳税人拒绝，受托代征单位和人员应当及时报告税务机关”的规定，委托有关单位代征零星分散和异地缴纳的税收。

扣缴义务人代扣代缴、代收代缴税款的义务是法定的，如果不作为，按《税收征管法》规定，扣缴义务人应扣未扣、应收而不收税款的，由税务机关向纳税人追缴税款，对扣缴义务人处应扣未扣、应收未收税款百分之五十以上三倍以下的罚款。

目前，《税收征管法》中没有规定受托代征人不作为需承担的法律责任，因此，税务机关对不作为的委托代征人无法按照《税收征管法》进行处理和处罚，只能按照《合同法》的有关规定，依法申请人民法院强制执行代征人已代征未按期结报或占用的税款。

第七条 两个或者两个以上的纳税人，经财政部和国家税务总局批准可以视为一个纳税人合并纳税。具体办法由财政部和国家税务总局另行制定。

【解读】本条是对两个或者两个以上的纳税人，可以视为一个纳税人合并纳税的规定。本条规定对于探索集团增值税纳税模式提供了政策依据。有利于集团优化企业架构，提高资源运营效率。合并纳税的批准主体是财政部和国家税务总局。

第八条 纳税人应当按照国家统一的会计制度进行增值税会计核算。

【解读】本次“营改增”后，所有营业税业务全部改为征收增值税。在增值税会计处理上，试点纳税人按照《营业税改征增值税试点有关企业会计处理规定》（财会〔2012〕13 号）执行。

第二章　征税范围

第九条 应税行为的具体范围，按照本办法所附的《销售服务、无形资产、不动产注释》执行。

【解读】增值税应税行为的具体范围，包括销售交通运输服务、邮政服务、电信服务、建筑服务、金融服务、现代服务、生活服务、转让无形资产或者销售不动产。

此次"营改增"将全部营业税行业纳入增值税征收范围，因此，《销售服务、无形资产、不动产注释》涵盖了原营业税税目注释中的所有应税行为。

《销售服务、无形资产、不动产注释》是在原《营业税改征增值税试点实施办法》所附的《应税服务范围注释》基础上，结合《营业税税目注释（试行稿）》（国税发〔1993〕149号）以及《国民经济行业分类》（GB/T4754-2011），主要依据涉税行为的属性进行了税目划分，调整了《应税服务范围注释》中个别应税服务的税目归属，梳理并完善了原营业税税目注释中金融保险业、建筑业、其他服务业、转让无形资产和销售不动产的具体范围，新增了原《营业税税目注释（试行稿）》中未能直接列明的新兴经济行为，以及未能纳入营业税征税范围的经济权益转让行为。同时，考虑到现代服务和生活服务中存在新兴业态较多、新兴经济行为不断涌现的情况，写入了“其他现代服务”和“其他生活性服务”作为政策兜底。

【链接】

一、何为税目?

税目，亦称“课税品目”或“征税品目”，是指税法中按照一定的标准和范围对课税对象进行划分从而确定的具体征税品种或项目，是课税对象的具体化。它反映了具体的征收范围，代表了征税广度，是一个税种课征制度组成的一个要素。例如，我国新税制中消费税的征税对象是生产、委托加工、进口和零售环节的特定消费品，现行消费税征税范围包括烟、酒、化妆品等15个税目。

不是所有的税种都规定税目，如房产税征税对象简单、明确，没有另行规定税目的必要。有的税种征税对象比较复杂，一般要先分大类，在类别之下再分税目、子目、细目。凡是无税目的税种均有统一的税率，凡是有税目的税种，均无统一税率。规定税目是为了明确具体的征税范围，规定征税的广度。

列入税目的就是应税产品或项目，没有列入税目的就不是应税产品或项目，这样征税的界限就十分明确了。

通过规定各种税目，可以对不同的产品或项目制定高低不同的税率，体现国家税收政策。理论上说，设计税目时，一方面要注意不同税目的划分界限要十分明确，不能模棱两可。否则，由于税目不同、税率不同，在征税时，适用税目不明，就会发生混乱。另一方面应注意同一税目的税负水平要尽量接近。同一税目有统一税率，如果同一税目的税负水平相差悬殊，征税后，就会发生税负过轻或过重的不合理现象。

二、税目有何作用

税目具有两方面的作用：一是明确征税的范围，体现征税的广度，凡属于列举税目之内的产品或收入即为课税对象，反之则为非课税对象；二是对具体征税项目进行归类和界定。

设置税目的目的，一是为了体现公平原则，根据不同项目的利润水平和国家经济政策，通过设置不同的税率进行税收调控；二是为了体现"简便"原则，对性质相同、利润水平相当且国家经济政策调控方向也相同的项目进行分类，以便按照项目类别设置税率。

有些税种不分课税对象的性质，一律按照课税对象的应税数额采用同一税率计征税款，因此没有必要设置税目，如企业所得税。有些税种具体课税对象复杂，需要规定税目，如消费税，一般都规定有不同的税目。

第十条 销售服务、无形资产或者不动产，是指有偿提供服务、有偿转让无形资产或者不动产，但属于下列非经营活动的情形除外。

一、行政单位收取的同时满足以下条件的政府性基金或者行政事业性收费。

（一）由国务院或者财政部批准设立的政府性基金，由国务院或者省级人民政府及其财政、价格主管部门批准设立的行政事业性收费；

（二）收取时开具省级以上（含省级）财政部门监（印）制的财政票据；

（三）所收款项全额上缴财政。

二、单位或者个体工商户聘用的员工为本单位或者雇主提供取得工资的服务。

三、单位或者个体工商户为聘用的员工提供服务。

四、财政部和国家税务总局规定的其他情形。

【解读】上述两条规定是有关增值税征税范围的规定，应从以下两个方面掌握。

1. 应税行为

应税行为，是指有偿销售服务、无形资产或者不动产的行为。有偿，是指取得货币、货物或者其他经济利益。

2. 非经营活动

非经营活动中销售服务、无形资产或者不动产不属于发生应税行为，不征收增值税。非经营活动包括如下四种情形。

（1）行政单位收取的同时满足条件的政府性基金或者行政事业性收费。

与原规定不同的是，本条的适用主体由“非企业性单位”变成了“行政单位”。由于行政单位本身就有履行国家行政管理的职能，因此与原财税〔2013〕106 号文相比，删去了“履行国家行政管理职能”的表述。

（2）单位或者个体工商户聘用的员工为本单位或者雇主提供取得工资的服务。例如，单位聘用的驾驶员为本单位职工开班车。

（3）单位或者个体工商户为聘用的员工提供服务。

（4）财政部和国家税务总局规定的其他情形。

第十一条 有偿，是指取得货币、货物或者其他经济利益。

【解读】如何理解“有偿”？

（1）有偿，是确立一项经济行为是否缴纳增值税的前置条件之一。

（2）有偿，包括取得货币、货物或者其他经济利益。

（3）例外情形。按照《试点实施办法》第十四条规定，单位或者个体工商户向其他单位或者个人无偿提供服务、无偿转让无形资产或者不动产，除用于公益事业或者以社会公众为对象的以外，应视同销售服务、无形资产或者不动产，征收增值税。

无偿转让无形资产或不动产，包括以无形资产和不动产投资入股的情况。

提醒注意，单位或者个体工商户聘用的员工为本单位或者雇主提供取得工资的服务，虽然发生有偿行为，但不属于增值税的征收范围。

【案例 2-1】A 房地产开发企业委托 B 建筑工程公司建造房屋，2016 年 5 月 10 日双方在结算价款时，A 房地产企业将若干套不含税价格为 1000 万元的房屋用于冲抵应付建筑公司的工程款，同时另外支付工程款 200 万元。假设工程款是完工时一次支付的，增值税按简易计税方法计税。

A 企业会计处理：

借：开发成本　　12 500 000

　贷：主营业务收入　　10 000 000

　　应交税费——应交增值税　　500 000

　　银行存款　　2 000 000

本案例中，A 房地产开发企业委托 B 建筑工程公司建造房屋，双方在结算价款时，房地产企业将若干套房屋给建筑公司冲抵工程款，看上去没有资金往来，但实际上 A 房地产开发企业取得的好处是接受了 B 建筑工程公司的建筑服务，同样 B 建筑工程公司获得了房屋所有权，双方都取得了经济利益，因此必须计算缴纳增值税。

【链接】

一、政府性基金

《政府性基金管理暂行办法》规定：政府性基金，

是指各级人民政府及其所属部门根据法律、行政法规和中共中央、国务院文件规定，为支持特定公共基础设施建设和公共事业发展，向公民、法人和其他组织无偿征收的具有专项用途的财政资金。

本条规定的属于非经营活动的政府性基金，必须是国务院或财政部批准设立的政府性基金。例如：铁路建设基金、民航发展基金、教育费附加、文化事业建设费等。

二、行政事业性收费

《行政事业性收费标准管理暂行办法》规定：行政事业性收费，是指国家机关、事业单位、代行政府职能的社会团体及其他组织根据法律法规等有关规定，依照国务院规定程序批准，在实施社会公共管理，以及在向公民、法人提供特定公共服务过程中，向特定对象收取的费用。

本条规定的属于非经营活动的行政事业性收费，必须是由国务院或者省级人民政府及其财政、价格主管部门批准设立的行政事业性收费。例如：机动车号牌工本费、商标注册收费、银行业监管费、房屋所有权登记费等。

【案例 2-2】2016 年 5 月 20 日，A 公司用房屋与 B 公

司的土地进行等价交换。经评估，土地和房屋的价格均为1000万元（不含税价格）。A公司的房屋和B公司的土地均为2014年取得，选择按简易计税方法计税。

经评估，土地和房屋的价格均为1000万元。A公司的房屋和B公司的土地均为2014年取得，双方选择采用简易计税方法。

A公司会计处理：

应交增值税＝1000×5%＝50（万元）

借：无形资产　　10 500 000

　贷：固定资产清理　　10 000 000

　　应交税费——应交增值税　　500 000

B 公司会计处理：

应交增值税＝1000×5%＝50（万元）

借：固定资产　　10 500000

　贷：无形资产　　10 000 000

　　应交税费——应交增值税　　500 000

本案例中,A公司以不动产换取了B公司的土地使用权，此时虽没有取得货币资金，但A公司取得了B公司的土地使用权；同样B公司也是以土地为代价换取了A公司的房屋所有权，这里的土地使用权和房屋所有权就是我们所说的其他经济利益。所以,非货币资产交换行为同样需要缴纳增值税。

第十二条 在境内销售服务、无形资产或者不动产，是指：

（一）服务（租赁不动产除外）或者无形资产（自然资

源使用权除外）的销售方或者购买方在境内；

（二）所销售或者租赁的不动产在境内；

（三）所销售自然资源使用权的自然资源在境内；

（四）财政部和国家税务总局规定的其他情形。

【解读】本条是对在境内销售服务、无形资产或者不动产的具体规定，可从以下两个方面把握。

（1）服务（租赁不动产除外）或者无形资产（自然资源使用权除外）的销售方或者购买方在境内。即境内的单位或者个人作为销售方发生上述应税行为属于在境内发生应税行为，境外的单位或个人作为购买方在境内发生上述应税行为也属于在境内发生应税行为。例如：境内单位向境外单位购买的咨询服务属于境内销售服务。

（2）所销售或者租赁的不动产在境内，以及所销售自然资源使用权的自然资源在境内。这强调的是应税行为所对应的标的物在境内，即无论是境内单位或者个人，还是境外单位或者个人，只要其发生上述应税行为的标的物在境内，均属于在境内发生应税行为。

第十三条 下列情形不属于在境内销售服务或者无形资产：

（一）境外单位或者个人向境内单位或者个人销售完全在境外发生的服务；

（二）境外单位或者个人向境内单位或者个人销售完全在境外使用的无形资产；

（三）境外单位或者个人向境内单位或者个人出租完全在境外使用的有形动产；

（四）财政部和国家税务总局规定的其他情形。

【解读】本条是对不属于在境内销售服务或者无形资产的具体规定，采取排除法明确了不属于在境内提供应税服务的三种情形，具体如下。

（1）境外单位或者个人向境内单位或者个人销售完全在境外发生的服务。例如：境外单位向境内单位提供完全发生在境外的会展服务。

（2）境外单位或者个人向境内单位或者个人销售完全在境外使用的无形资产。例如：境外单位向境内单位销售完全在境外使用的专利和非专利技术。

（3）境外单位或者个人向境内单位或者个人出租完全在境外使用的有形动产。

【案例 2-3】境外单位 A 向境内单位 B 出租完全在境外使用的小汽车。该行为是否要在中国境内申报缴纳增值税？

境外单位 A 向境内单位 B 出租完全在境外使用的小汽车不属于境内提供劳务，不需在境内缴纳增值税。

对上述三项规定的理解把握三个要点：一是应税行为的销售方为境外单位或者个人；二是境内单位或者个人在境外购买；三是所购买的应税行为必须完全在境外使用或消费。

第十四条　下列情形视同销售服务、无形资产或者不动产。

（一）单位或者个体工商户向其他单位或者个人无偿提供服务，但用于公益事业或者以社会公众为对象的除外。

（二）单位或者个人向其他单位或者个人无偿转让无形资产或者不动产，但用于公益事业或者以社会公众为对象的除外。

（三）财政部和国家税务总局规定的其他情形。

【解读】本条是关于视同销售服务、无形资产或者不动产的具体规定。

本条是对不能同时满足征税条件但需要缴纳增值税的例外情况的规定，即向他人无偿提供服务、转让无形资产或者不动产，应视同销售服务、无形资产或者不动产，照章缴纳增值税。理解本条应从以下四个方面把握。

（1）从税制设计和加强征管的角度看，将无偿提供服务、转让无形资产或者不动产与有偿提供服务、转让无形资产或者不动产同等对待，均纳入征税范围，既可以体现税收的公平性，也可以堵塞税收漏洞，防止纳税人利用无偿行为不征税的规定逃避税收。

（2）将以公益活动为目的或者以社会公众为对象的无偿提供服务、无偿转让无形资产或者不动产，排除在视同销售范围之外，主要是为了促进社会公益事业的发展。

（3）要注意区别提供服务、转让无形资产或者不动产与视同提供服务、转让无形资产或者不动产以及非经营活动三者的不同，准确把握征税与不征税的处理原则。

（4）根据国家指令无偿提供的航空运输服务、铁路运输服务，属于本条规定的以公益活动为目的的服务，不征收增值税。

【链接】

《中华人民共和国增值税暂行条例实施细则》第四条规定：

单位或者个体工商户的下列行为，视同销售货物：

（一）将货物交付其他单位或者个人代销；

（二）销售代销货物；

（三）设有两个以上机构并实行统一核算的纳税人，将货物从一个机构移送其他机构用于销售，但相关机构设在同一县（市）的除外；

（四）将自产或者委托加工的货物用于非增值税应税项目；

（五）将自产、委托加工的货物用于集体福利或者个人消费；

（六）将自产、委托加工或者购进的货物作为投资，提供给其他单位或者个体工商户；

（七）将自产、委托加工或者购进的货物分配给股东或者投资者；

（八）将自产、委托加工或者购进的货物无偿赠送其他单位或者个人。

第三章　税率和征收率

第十五条 增值税税率：

（一）纳税人发生应税行为，除本条第（二）项、第（三）项、第（四）项规定外，税率为6%。

（二）提供交通运输、邮政、基础电信、建筑、不动产租赁服务，销售不动产，转让土地使用权，税率为11%。

（三）提供有形动产租赁服务，税率为17%。

（四）境内单位和个人发生的跨境应税行为，税率为零。具体范围由财政部和国家税务总局另行规定。

【解读】本条是对销售应税服务、无形资产和不动产增值税税率的规定。

理解本条应从以下五个方面掌握。

1. 增值税税率适用于一般纳税人按照一般计税方法计税的情况

即一般纳税人销售服务、无形资产或者不动产，除按规定可以选择简易计税方法外，应按照一般计税方法和适用税率计算增值税应纳税额。

2. 销售服务的增值税税率

（1）提供增值电信服务、金融服务、现代服务（租赁服务除外）、生活服务，税率为6%。

（2）提供交通运输服务、邮政服务、基础电信服务、建筑服务、不动产租赁服务，税率为11%。

（3）提供有形动产租赁服务，税率为17%。

（4）境内单位和个人跨境提供应税服务，符合规定条件的，税率为零。

3. 销售无形资产的增值税税率

（1）转让土地使用权，税率为11%。

（2）转让土地使用权以外的其他无形资产，税率为6%。

（3）境内单位和个人跨境转让无形资产，符合规定条件的，税率为零。

4. 销售不动产的增值税税率为11%

5. 特例情况

（1）兼营

试点纳税人销售货物、加工修理修配劳务、服务、无形资产或者不动产适用不同税率或者征收率的，应当分别核算适用不同税率或者征收率的销售额，未分别核算销售额的，按照以下方法适用税率或者征收率：

兼有不同税率的销售货物、加工修理修配劳务、服务、无形资产或者不动产，从高适用税率。

兼有不同征收率的销售货物、加工修理修配劳务、服务、无形资产或者不动产，从高适用征收率。

兼有不同税率和征收率的销售货物、加工修理修配劳务、服务、无形资产或者不动产，从高适用税率。

【案例 3-1】某试点一般纳税人既销售不动产，又提供经纪代理服务，如果该纳税人能够分别核算适用不同税率的销售额，没有分别核算，按什么税率缴纳？

如果该纳税人能够分别核算上述两项应税行为的销售额，则销售不动产适用 11% 的增值税税率，提供经纪代理服务适用 6% 的增值税税率；如果该纳税人没有分别核算上述两项应税行为的销售额，则销售不动产和提供经纪代理服务均从高适用 11% 的增值税税率。

（2）混合销售

一项销售行为如果既涉及服务又涉及货物，称为混合销售。

从事货物的生产、批发或者零售的单位和个体工商户的混合销售行为，按照销售货物缴纳增值税；其他单位和个体工商户的混合销售行为，按照销售服务缴纳增值税。

上述从事货物的生产、批发或者零售的单位和个体工商户，包括以从事货物的生产、批发或者零售为主，并兼营销售服务的单位和个体工商户在内。

【链接】

一、为什么规定混合销售？

原增值税和营业税条例及细则中有关混合销售的

概念是一致的，即一项销售行为如果既涉及货物又涉及营业税应税劳务,称为混合销售行为。此次“营改增”后，营业税全部改征增值税，已不存在涉及货物又涉及非增值税应税劳务的概念。但如果销售一个茶杯都要划分货物与设计，按17%和6%分别征税的话，又改变了税制设计的初衷,也使本来简单的问题复杂化。因此,《营业税改征增值税试点实施办法》增加了混合销售的规定。

二、如何确定混合销售行为?

从混合销售行为的定义中可知，鉴别混合销售行为成立的标准之一是以一项销售行为是否既涉及服务又涉及货物为尺度的，那么，在实际工作中，应该如何确定什么行为是混合销售行为呢？

混合销售行为成立的行为标准有两点，一是其销售行为必须是一项；二是该项行为必须即涉及服务又涉及货物，其中，货物是指增值税条例中规定的有形动产，包括电力、热力和气体；服务是指属于改征范围的交通运输服务、建筑服务、金融保险服务、邮政服务、电信服务、现代服务、生活服务等。

我们在确定混合销售是否成立时，其行为标准中的上述两点必须是同时存在，如果一项销售行为只涉及销售服务，不涉及货物，这种行为就不是混合销售行为；

反之，如果涉及销售服务和货物的行为，不是同时存在于一项销售行为之中，这种行为也不是混合销售行为。

第十六条 增值税征收率为3%，财政部和国家税务总局另有规定的除外。

【解读】除部分不动产销售和租赁行为的征收率为5%以外，小规模纳税人发生的应税行为以及一般纳税人发生特定应税行为，增值税征收率为3%。

【链接】

本条是对增值税征收率的规定。理解本条应从以下两个方面掌握。

1.征收率适用于两种情况。

（1）小规模纳税人。

（2）一般纳税人销售服务、无形资产或者不动产，按规定可以选择简易计税方法计税的。

2.销售应税服务、无形资产和不动产的征收率。

（1）按照简易计税方法计税的销售不动产、不动产经营租赁服务（除试点前开工的高速公路的车辆通行费），征收率为5%。

（2）其他情况，征收率为3%。

第四章　应纳税额的计算

第十七条　增值税的计税方法，包括一般计税方法和简易计税方法。

【解读】本条是对增值税的计税方法的规定。理解本条应从以下两个方面掌握。

（1）增值税有两种计税方法，分别是一般计税方法和简易计税方法。

（2）这两种计税方法的基本适用情况如下。

1）一般计税方法是按照销项税额减去进项税额的差额计算应纳税额，适用于增值税一般纳税人。

2）简易计税方法是按照销售额与征收率的乘积计算应纳税额，一般适用于小规模纳税人，一般纳税人在销售服务、无形资产或者不动产的时候，符合规定的，也可以适用简易计税方法。

第十八条　一般纳税人发生财政部和国家税务总局规定的特定应税行为，可以选择适用简易计税方法计税，但一经选择，36 个月内不得变更。

【解读】关于一般纳税人销售服务、无形资产或者不动产，按照《试点有关事项的规定》进行归纳，可以选择简易计税方法计税的情形，主要包括以下内容。

（1）公共交通运输服务。

（2）经认定的动漫企业为开发动漫产品提供的动漫脚本编撰、形象设计、背景设计、动画设计、分镜、动画制作、摄制、描线、上色、画面合成、配音、配乐、音效合成、剪辑、字幕制作、压缩转码（面向网络动漫、手机动漫格式适配）服务，以及在境内转让动漫版权（包括动漫品牌、形象或者内容的授权及再授权）。

（3）电影放映服务、仓储服务、装卸搬运服务、收派服务和文化体育服务。

（4）在纳入"营改增"试点之日前取得的有形动产为标的物提供的经营租赁服务。

（5）在纳入"营改增"试点之日前签订的尚未执行完毕的有形动产租赁合同。

（6）以清包工方式提供的建筑服务。

（7）为甲供工程提供的建筑服务。

（8）销售 2016 年 4 月 30 日前取得的不动产。

（9）房地产开发企业销售自行开发的房地产老项目。

（10）出租 2016 年 4 月 30 日前取得的不动产。

（11）其他情形。

因此，除财政部和国家税务总局规定的特定应税行为外，一般纳税人应按照一般计税方法计算缴纳增值税。

第十九条 小规模纳税人发生应税行为适用简易计税方

法计税。

【解读】关于小规模纳税人计税方法的规定。小规模纳税人销售服务、无形资产或者不动产，一律按照简易计税方法计税。

【案例 4-1】某房地产开发企业为一般纳税人，2016 年 6 月销售已开发完成的老项目，取得销售收入 12 600 万元。

企业的账务处理如下：

借：银行存款　　　　126 000 000

　贷：主营业务收入　　　　120 000 000

　　应交税费——应交增值税（销项税额） 6 000 000

房地产开发企业销售老项目可以选择按简易办法计算应纳增值税，具体的计算如下：

应纳增值税 =12600÷(1 + 5%)×5%=600（万元）

【案例 4-2】某餐饮服务公司为小规模纳税人，2016 年 5 月份取得销售收入 103 000 元，购进税控收款机一台，支付 3510 元。

该餐饮公司的会计处理：

（1）取得销售收入

借：银行存款　　　　103 000

　贷：主营业务收入　　　　100 000

　　应交税费——应交增值税　　　　3000

（2）购入税控：

借：固定资产——电子设备　　　　3510

贷：库存现金　　3510

借：应交税费——应交增值税　　510

贷：递延收益　　510

一般情况下，增值税小规模纳税人取得的进项是不能抵扣的，但是增值税小规模纳税人购进税控收款机，取得增值税专用发票的，可抵免税额是专用发票上注明的增值税税额；取得普通发票的，按照普通发票上注明的价款，依下列公式计算可抵免税额：

可抵免税额 = 价款 ÷（1 + 17%）× 17%

第二十条 境外单位或者个人在境内发生应税行为，在境内未设有经营机构的，扣缴义务人按照下列公式计算应扣缴税额：

应扣缴税额 = 购买方支付的价款 ÷（1 + 税率）× 税率

【解读】本条规定了境外单位和个人在境内发生应税行为的扣缴税款问题。

本条适用于境外单位和个人在境内销售服务、无形资产或者不动产，且没有在境内设立经营机构的情况。对于提供加工、修理修配劳务应按《增值税暂行条例》履行扣缴义务。

【案例 4-3】境外公司为某纳税人提供咨询服务，合同价款 106 万元，且境外公司没有在境内设立经营机构，应以服务购买方为增值税扣缴义务人，则购买方应当扣缴的税款计算如下：

应扣缴增值税 =106÷（1 + 6%）×6%=6（万元）

第二十一条 一般计税方法的应纳税额，是指当期销项税额抵扣当期进项税额后的余额。应纳税额计算公式：

应纳税额 = 当期销项税额 − 当期进项税额

当期销项税额小于当期进项税额以至不足抵扣时，其不足部分可以结转下期继续抵扣。

【解读】本条是关于增值税应纳税额计算方法的规定，理解本条规定应从以下方面掌握。

目前我国增值税实行购进扣税法，也就是纳税人发生应税行为时按照销售额计算销项税额，购进货物、劳务、服务、无形资产或不动产时，以支付或负担的税款为进项税额，同时允许从销项税额中抵扣进项税额。这样，就相当于仅对发生应税行为的增值部分征税。当销项税额小于进项税额时，不足抵扣的部分可以结转下期继续抵扣。

【案例 4-4】某一增值税一般纳税人 2016 年 10 月取得交通运输收入 111 万元（含税），当月外购汽油 10 万元（不含税金额，取得增值税专用发票上注明的增值税额为 1.7 万元），购入运输车辆 20 万元（不含税金额，取得机动车销售统一发票上注明的增值税额为 3.4 万元）。

该一般纳税人的会计处理如下。

（1）取得交通运输收入

借：银行存款　　1 110 000

　贷：主营业务收入　　1 000 000

　　应交税费——应缴增值税（销项税额）　110 000

（2）当月外购汽油

借：管理费用　　100 000

　应交税费——应交增值税（进项税额）　17 000

　贷：银行存款　　117 000

（3）购入运输车辆

借：固定资产　　200 000

　应交税费——应交增值税（进项税额）　34 000

　贷：银行存款　　234 000

该纳税人2016年10月的应纳增值税税额为：

111÷（1＋11%）×11%-1.7-3.4=5.9（万元）。

第二十二条 销项税额，是指纳税人发生应税行为按照销售额和增值税税率计算并收取的增值税额。销项税额计算公式为：

销项税额＝销售额×税率

【解读】本条规定了销项税额的概念及其计算方法。

（1）从上述销项税额的计算公式中可以看出，销项税额是应税行为的销售额和增值税税率的乘积，是提供应税行为的增值税整体税金，抵扣当期进项税额之后，形成当期增值税应纳税额。

（2）一般纳税人应在“应交税费”科目下设置“应交增值税”明细科目。在“应交增值税”明细账中，应设置“销项税额”等专栏。

“销项税额”专栏，记录一般纳税人销售服务、无形资产或者不动产应收取的增值税额。一般纳税人销售服务、无形资产或者不动产应收取的销项税额，用蓝字登记；退回以及中止或者折让应冲销销项税额，用红字登记。

第二十三条 一般计税方法的销售额不包括销项税额，纳税人采用销售额和销项税额合并定价方法的，按照下列公式计算销售额：

销售额＝含税销售额 ÷（1＋税率）

【解读】确定一般纳税人销售服务、无形资产或者不动产的销售额时，可能会遇到一般纳税人由于销售对象的不同、开具发票种类的不同而将销售额和销项税额合并定价的情况。对此，本条规定，一般纳税人采用销售额和销项税额合并定价方法的，按照这一公式计算销售额：

销售额＝含税销售额 ÷（1＋税率）

在营业税改征增值税之前，由于营业税属于价内税，纳税人根据实际取得的价款确认营业额，按照营业额和营业税税率的乘积确认应交营业税。在营业税改征增值税之后，由于增值税属于价外税，一般纳税人取得的含税销售额，先进行价税分离换算成不含税销售额，再按照不含税销售额与增值税税率之间的乘积确认销项税额。

【链接】

一、价内税

1. 什么是价内税?

价内税就是税金包含在价格之中，作为价格的组成部分的税种，比如说营业税、消费税等。在以产品销售收入额作为计税依据从价定率征收的情况下，价内税的计税依据是含税价格，它等于成本＋利润＋税金。如现行消费税和1994年税制改革前的产品税属于价内税。

2. 价内税的优缺点

价内税的优点在于：税金包含在价格之内，由于价格已定，国家可以通过调整价格内税收的比例来调控经济。

价内税的缺点在于：在实行自由价格的条件下，由于价格要灵活，而税收则在一定时期内应保持稳定，把相对固定的流转税含在价格内，会使价格和税收产生相互牵制的作用，双方难以灵活调节。

3. 价内税的计算

价内税：税款 = 含税价格 × 税率

4. 实行价内税的税种，包括消费税等

二、价外税

1. 什么是价外税？

价外税为价内税的对称，是指税款不包含在商品价格内的税，价税分列的税种。

一般说来，价外税是商品经济的产物。在市场经济条件下，生产经营者制定价格以生产价格为基础，生产价格由生产成本加平均利润两部分构成，这样国家以流通中商品为对象所征的税款，只能作为价格附加，成为价外税。

由于增值税实行价外税，而交叉征收的消费税又是作为增值税的税基，消费税实行价内税。

2. 价外税的优点

价税分开、透明度高，有利于发挥价格和税收各自的独特作用，便于消费者对价格和税收进行监督，同时也便于企业根据市场情况确定价格。

3. 价外税的计算

价外税是由购买方承担税款，销售方取得的货款包括销售款和税款两部分。由于税款等于销售款乘以税率，而这里的销售款等于货款（即含税价格）减去税款，即不含税价格，因此，税款计算公式演变为：

税款 =［货款 ÷（1 +税率）］× 税率

4. 价外税的计算

税款 =［含税价格 ÷（1 +税率）］× 税率

= 不含税价格 × 税率

5. 实行价外税的税种，包括增值税

第二十四条 进项税额，是指纳税人购进货物、加工修理修配劳务、服务、无形资产或者不动产，支付或者负担的增值税额。

【解读】

（1）关于进项税额的概念需从以下三个方面理解：

1）必须是增值税一般纳税人，才涉及进项税额的抵扣问题；

2）产生进项税额的行为是纳税人购进货物、服务、无形资产、不动产或者接受加工修理修配劳务；

3）必须是购买方支付或者负担的增值税额。

（2）一般纳税人应在“应交税费”科目下设置“应交增值税”明细科目。在“应交增值税”明细账中，应设置“进项税额”等专栏。

“进项税额”专栏，记录一般纳税人购进货物、服务、无形资产、不动产或者接受加工修理修配劳务而支付的、准予从销项税额中抵扣的增值税额。一般纳税人购进货物、服务、无形资产、不动产或者接受加工修理修配劳务支付的进项税额，用蓝字登记；退回中止或者折让应冲销的进项税额，用红字登记。

第二十五条 下列进项税额准予从销项税额中抵扣。

（1）从销售方取得的增值税专用发票（含税控机动车销售统一发票，下同）上注明的增值税额。

（2）从海关取得的海关进口增值税专用缴款书上注明的增值税额。

（3）购进农产品，除取得增值税专用发票或者海关进口增值税专用缴款书外，按照农产品收购发票或者销售发票上注明的农产品买价和13%的扣除率计算的进项税额。计算公式为：

$$\text{进项税额} = \text{买价} \times \text{扣除率}$$

买价，是指纳税人购进农产品在农产品收购发票或者销售发票上注明的价款和按照规定缴纳的烟叶税。

购进农产品，按照《农产品增值税进项税额核定扣除试点实施办法》抵扣进项税额的除外。

（4）从境外单位或者个人购进服务、无形资产或者不动产，自税务机关或者扣缴义务人取得的解缴税款的完税凭证上注明的增值税额。

【解读】本条对纳税人可抵扣增值税进项税额的情况进

行了列示。

1. 增值税专用发票上注明的增值税税额

（1）增值税专用发票注明的增值税税额；

（2）税控《机动车销售统一发票》上注明的增值税税额。

2. 海关进口增值税专用缴款书上注明的增值税税额

目前货物进口环节的增值税是由海关负责代征的，试点纳税人在进口货物办理报关进口手续时，需向海关申报缴纳进口增值税并从海关取得完税证明，其取得的海关进口增值税专用缴款书上注明的增值税额准予抵扣。试点纳税人取得海关进口增值税专用缴款书，按照《国家税务总局海关总署关于实行海关进口增值税专用缴款书"先比对后抵扣"管理办法有关问题的公告》（国家税务总局海关总署 2013 年第 31 号公告）执行"先比对，后抵扣"政策。

3. 农产品进项税额抵扣

一般纳税人购进农产品抵扣进项税额存在如下 5 种情况。

（1）从一般纳税人购进农产品，按照取得的增值税专用发票上注明的增值税额。

（2）进口农产品，按照取得的海关进口增值税专用缴款书上注明的增值税额。

（3）自农业生产者购进自产农产品以及自小规模纳税人购入农产品（不含享受批发零售环节免税政策的鲜活肉蛋产品和蔬菜），按照取得的销售农产品的增值税普通发票上注明的农产品买价和 13% 的扣除率计算的进项税额。

（4）向农业生产者个人收购其自产农产品，按照收购单位自行开具农产品收购发票上注明的农产品买价和 13% 的扣除率计算的进项税额。

（5）按照《财政部国家税务总局关于在部分行业试行农产品增值税进项税额核定扣除办法的通知》（财税〔2012〕38 号）规定，生产销售液体乳及乳制品、酒及酒精、植物油实行核定扣除。《国家税务总局关于在部分行业试行农产品增值税进项税额核定扣除办法有关问题的公告》（国家税务总局公告 2012 年第 35 号）明确了具体核定方法。

后续《财政部国家税务总局关于扩大农产品增值税进项税额核定扣除试点行业范围的通知》（财税〔2013〕57 号）规定，各地可根据实际情况自行扩大核定扣除范围。

4. 中华人民共和国税收完税凭证

纳税人购买境外单位或者个人销售的服务、无形资产或者不动产，从税务机关或者扣缴义务人取得的解缴税款的完税凭证上注明的增值税额准予抵扣。

【链接】

一、准予从销项税额中抵扣的进项税额，应至少同时具备以下条件。

（一）发生允许从销项税额中抵扣进项税额的购进行为。

允许从销项税额中抵扣进项税额的购进行为，包括购进货物、加工修理修配劳务、服务、无形资产或者不动产。

（二）只有应税行为的代扣代缴税款可以凭完税凭证抵扣，且需要具备书面合同、付款证明和境外单位的对账单或者发票。否则，进项税额不得从销项税额中抵扣。

二、为什么海关进口增值税专用缴款书上注明的增值税额可以抵扣?

与增值税专用发票一样，海关进口增值税专用缴款书也是凭票抵扣制度的重要依据。海关征收进口环节增值税时，需要填发海关进口增值税专用缴款书，上面注明纳税人所缴纳的增值税额。相对于专用发票而言，进口环节增值税是纳税人向海关实实在在缴纳的税款，拿到海关进口增值税专用缴款书就意味着纳税人缴纳了增值税，根据增值税“征多少、扣多少”的机制原理，进口环节增值税理应作为进项税额抵扣。所以，从海关取得的海关进口增值税专用缴款书上注明的增值税额准予抵扣。

三、农产品进项税额抵扣特殊规定的成因。

购进农产品，除取得增值税专用发票或者海关进口增值税专用缴款书外，可以适用按照农产品收购发票或者销售发票上注明的农产品买价和13%的扣除率计算抵扣进项税额的特殊规定。我国农业基础薄弱，农业生产者数量众多，分布较为分散，经营规模较小。而增值税实行凭票抵扣，一般要求有健全的会计核算制度，但想让农民做到这一点是很困难的。因此，为了保证增值税的有效运行，免除农民的纳税申报义务，简化税收征管，我国在农业生产环节实行免征增值税政策。按道理，纳税人购进免税农产品，因为农民没有收取增值税额，因而购买方未“支付”进项税额，也就无税款可供抵扣。但是农民生产农产品所购买的燃料、农机具等生产资料是支付了增值税的，农产品价格中也就包含了一部分增值税，也就是说购进免税农产品的纳税人在一定程度上是“负担”了增值税的。此时，如果不允许购买免税农产品的纳税人计算进项税额进行扣除，那么将造成一定程度的重复征税，也可能导致农产品收购单位借此压低农产品价格从而减少农民收入，损害农民利益。为此，我国增值税制专门对纳税人购进免税农产品规定了一项特殊政策，即允许这部分免税农产品“虚拟”出一定的进项税额并计算抵扣。

四、适用一般计税方法的试点纳税人，2016年5月1日后取得并在会计制度上按固定资产核算的不动产或者2016年5月1日后取得的不动产在建工程，其进项税额应自取得之日起分2年从销项税额中抵扣，第一年抵扣比例为60%，第二年抵扣比例为40%。

不动产分期抵扣的具体规定，请参考《国家税务总局关于发布〈不动产进项税额分期抵扣暂行办法〉的公告》（国家税务总局公告2016年第15号）。

第二十六条 纳税人取得的增值税扣税凭证不符合法律、行政法规或者国家税务总局有关规定的，其进项税额不得从销项税额中抵扣。

增值税扣税凭证，是指增值税专用发票、海关进口增值税专用缴款书、农产品收购发票、农产品销售发票和完税凭证。

纳税人凭完税凭证抵扣进项税额的，应当具备书面合同、付款证明和境外单位的对账单或者发票。资料不全的，其进项税额不得从销项税额中抵扣。

【解读】本条是关于纳税人取得的增值税扣税凭证有关要求的规定。

自1994年实行增值税改革以来，为加强增值税管理（包括对增值税专用发票以及其他增值税扣税凭证的抵扣管理），国家税务总局陆续出台了若干税收规定，其中的一些税收规定目前仍然有效。这次营业税改征增值税中，试点纳税人发生的增值税涉税问题，除了应按照财税〔2016〕36

号文件执行外，也应当执行上述原有增值税政策规定。因此，试点纳税人需注意这一原则，其中在增值税进项税额抵扣方面，应重点关注以下规定：

1.《增值税专用发票使用规定》

《增值税专用发票使用规定》是增值税一般纳税人如何领购、开具、缴销、报税、认证、抵扣增值税专用发票等有关问题的具体规定。

2015 年 4 月 1 日起，全国范围内开始分步全面推行增值税发票系统升级版，纳税人将通过增值税发票升级版开具发票。

2015 年 12 月 1 日，为进一步适应社会经济发展和税收现代化建设需要，在新系统基础上，在全国范围推行增值税电子发票，重点在电商、电信、快递、公用事业等行业。

2016 年 1 月 1 日起，货物运输业增值税专用发票停止使用。为避免浪费，方便纳税人发票使用衔接，货物运输业增值税专用发票最迟可以使用至 2016 年 6 月 30 日，7 月 1 日起停止使用。

2. 关于增值税扣税凭证抵扣期限的规定

（1）关于增值税专用发票

增值税一般纳税人取得的增值税专用发票（包括《增值税专用发票》、税控《机动车销售统一发票》），应在开具之日起 180 日内到税务机关办理认证，并在认证通过的次月申报期内，向主管税务机关申报抵扣进项税额。需要注意的是，为贯彻落实《深化国税地税征管体制改革方案》的文件精神，进一步优化纳税服务，方便纳税人办税，自2016年3月1日起，对纳税信用A级增值税一般纳税人取消增值税发票认证。

（2）关于海关进口增值税专用缴款书

自2013年7月1日起，增值税一般纳税人（以下简称纳税人）进口货物取得的属于增值税扣税范围的海关缴款书，需经税务机关稽核比对相符后，其增值税额方能作为进项税额在销项税额中抵扣。纳税人进口货物取得的属于增值税扣税范围的海关缴款书，应按照《国家税务总局关于调整增值税扣税凭证抵扣期限有关问题的通知》（国税函〔2009〕617号）规定，自开具之日起180天内向主管税务机关报送《海关完税凭证抵扣清单》（电子数据），申请稽核比对，逾期未申请的进项税额不予抵扣。

（3）未在规定期限内认证或者申报抵扣的情况

增值税一般纳税人取得的增值税专用发票（包括：《增值税专用发票》、税控《机动车销售统一发票》）以及海关缴款书，未在规定期限内到税务机关办理认证或者申报抵扣的，不得作为合法的增值税扣税凭证，不得计算进项税额进行抵扣。

纳税人发生应税行为，应当向索取增值税专用发票的购买方开具增值税专用发票，并在增值税专用发票上分别注明销售额和销项税额。

属于下列情形之一的，不得开具增值税专用发票：

（1）向消费者个人销售服务、无形资产或者不动产。

（2）适用免征增值税规定的应税行为。

小规模纳税人发生应税行为，购买方索取增值税专用发票的，可以向主管税务机关申请代开。

第二十七条 下列项目的进项税额不得从销项税额中抵扣。

（一）用于简易计税方法计税项目、免征增值税项目、集体福利或者个人消费的购进货物、加工修理修配劳务、服务、无形资产和不动产。其中涉及的固定资产、无形资产、不动产，仅指专用于上述项目的固定资产、无形资产（不包括其他权益性无形资产）、不动产。

纳税人的交际应酬消费属于个人消费。

（二）非正常损失的购进货物，以及相关的加工修理修配劳务和交通运输服务。

（三）非正常损失的在产品、产成品所耗用的购进货物（不包括固定资产）、加工修理修配劳务和交通运输服务。

（四）非正常损失的不动产，以及该不动产所耗用的购进货物、设计服务和建筑服务。

（五）非正常损失的不动产在建工程所耗用的购进货物、设计服务和建筑服务。

纳税人新建、改建、扩建、修缮、装饰不动产，均属于不动产在建工程。

（六）购进的旅客运输服务、贷款服务、餐饮服务、居民日常服务和娱乐服务。

（七）财政部和国家税务总局规定的其他情形。

本条第（四）项、第（五）项所称货物，是指构成不动产实体的材料和设备，包括建筑装饰材料和给排水、采暖、卫生、通风、照明、通信、煤气、消防、中央空调、电梯、电气、智能化楼宇设备及配套设施。

【解读】

一、本条是关于不得抵扣的进项税额的规定。理解本规定应从以下四个方面把握。

1. 用于简易计税方法计税项目、免征增值税项目、集体福利或者个人消费而购进货物、加工修理修配劳务、服务、无形资产和不动产。

（1）不能抵扣的原因

①增值税遵循征扣税一致的原则，征多少扣多少，未征税或免税则不扣税。

②购进的用于集体福利或个人消费的货物及其他应税行为，并非用于企业生产经营，也就无权要求抵扣税款，而应负担相应的税金。

（2）交际应酬消费

个人消费包括纳税人的交际应酬消费。交际应酬消费不属于生产经营中的生产投入和支出，是一种生活性消费活动，而增值税是对消费行为征税的，消费者即是税负承担者。因此，交际应酬消费需要负担对应的进项税额。同时，交际应酬消费和个人消费难以准确划分，征管中不宜掌握界限，如果对交际应酬消费和个人消费分别适用不同的税收政策，容易诱发偷避税行为。因此，为了简化操作，公平税负，对交际应酬消费所用的货物、加工修理修配劳务、服务、无形资产和不动产不得抵扣进项税额。

（3）固定资产、无形资产、不动产进项税额的处理原则

固定资产、无形资产、不动产的进项税额抵扣原则与其他允许抵扣的项目相比有一定的特殊性。一般情况下，对纳税人用于适用简易计税方法计税项目、免征增值税项目、集体福利或者个人消费的购进货物、加工修理修配劳务、服务、无形资产和不动产的进项税额不得从销项税额中抵扣。

但是，涉及的固定资产、无形资产和不动产，仅指专用于简易计税方法计税项目、免征增值税（以下简称免税）项目、集体福利或者个人消费的情况，对属于兼用于允许抵扣项目和上述不允许抵扣项目的情况，其进项税额准予全部抵扣。之所以如此规定，主要是因为固定资产、无形资产和不动产项目发生上述兼用情况的较多，且比例难以准确区分。以固定资产进项税额抵扣为例，纳税人购进一台发电设备，既可以用于增值税应税项目，也可以用于增值税免税项目，二者共用，且比例并不固定，难以准确区分。如果按照对其他项目进项税额的一般处理原则办理，不具备可操作性。因此，选取了有利于纳税人的如下特殊处理原则：

对纳税人涉及的固定资产、无形资产、不动产项目的

进项税额，凡发生专用于简易计税方法计税项目、免征增值税项目、集体福利或者个人消费项目的，该进项税额不得予以抵扣；发生兼用于上述不允许抵扣项目情况的，该进项税额准予全部抵扣。

另外，由于其他权益性无形资产涵盖面非常广，往往涉及纳税人生产经营的各个方面，没有具体使用对象，因此，将其从专用于简易计税方法计税项目、免征增值税项目、集体福利或者个人消费的购进的无形资产不得抵扣进项税额范围中剔除，即：纳税人购进其他权益性无形资产无论是专用于简易计税方法计税项目、免征增值税项目、集体福利或者个人消费，还是兼用于上述不允许抵扣项目，均可以抵扣进项税额。

2. 虽然取得合法的扣税凭证，但非正常损失的购进货物，以及相关的加工修理修配劳务和交通运输服务；非正常损失的在产品、产成品所耗用的购进货物（不包括固定资产）、加工修理修配劳务和交通运输服务；非正常损失的不动产，以及该不动产所耗用的购进货物、设计服务和建筑服务，上述所涉及的进项税额是不能抵扣的。

非正常损失，是指因管理不善造成货物被盗、丢失、霉烂变质，以及因违反法律法规造成货物或者不动产被依法没收、销毁、拆除的情形。

3. 一般纳税人购进的旅客运输服务、贷款服务、餐饮服务、居民日常服务和娱乐服务的进项税额。

一般意义上，旅客运输服务、餐饮服务、居民日常服务和娱乐服务主要接受对象是个人。对于一般纳税人购买的旅客运输服务、餐饮服务、居民日常服务和娱乐服务，难以准确地界定接受劳务的对象是企业还是个人，因此，一般纳税人购进的旅客运输服务、餐饮服务、居民日常服务和娱乐服务的进项税额不得从销项税额中抵扣。

4. 自2013年8月1日起，纳税人购进的应征消费税的摩托车、汽车、游艇视同购进固定资产允许抵扣进项税额。

【案例4-5】企业支付中央空调、电梯等不动产附属设施的保养费用、维修配件等日常维护费用，取得增值税专用发票的进项税额可否抵扣？

可以抵扣。根据《中华人民共和国增值税暂行条例》（国务院令第538号）第十条规定："下列项目的进项税额不得从销项税额中抵扣：（一）用于非增值税应税项目、免征增值税项目、集体福利或者个人消费的购进货物或者应税劳务；（二）非正常损失的购进货物及相关的应税劳务；（三）非正常损失的在产品、产成品所耗用的购进货物或者应税劳务；（四）国务院财政、税务主管部门规定的纳税人自用消费品；（五）本条第（一）项至第（四）项规定的货物的运输费用和销售免税货物的运输费用。"案例所述不是用于上述范围的，所以企业取得的进项可以抵扣。

第二十八条 不动产、无形资产的具体范围，按照本办法所附的《销售服务、无形资产或者不动产注释》执行。

固定资产，是指使用期限超过12个月的机器、机械、运输工具，以及其他与生产经营有关的设备、工具、器具等有形动产。

非正常损失，是指因管理不善造成货物被盗、丢失、霉烂变质，以及因违反法律法规造成货物或者不动产被依法没收、销毁、拆除的情形。

【解读】本条是对固定资产、非正常损失等情况的解释。

固定资产是从会计核算角度对某一类货物的概括性称呼，其本质仍然是货物，在固定资产划分上，税法与会计的标准并不完全一致。目前税法对固定资产的规定为：使用期限超过12个月的机器、机械、运输工具以及其他与生产经营有关的设备、工具、器具等。和会计准则相比，不包括不动产及不动产在建工程（准则中所说的固定资产，是指为生产商品、提供劳务、出租或者经营管理而持有，并且使用寿命超过一个会计年度）。

非正常损失是指因管理不善造成货物被盗、丢失、霉烂变质，以及因违反法律法规造成货物或者不动产被依法没收、销毁、拆除的情形。这些非正常损失是由纳税人自身原因造成导致征税对象实体的灭失，其损失应由纳税人自行承担。

第二十九条 适用一般计税方法的纳税人，兼营简易计税方法计税项目、免征增值税项目而无法划分不得抵扣的进项税额，按照下列公式计算不得抵扣的进项税额：

不得抵扣的进项税额＝当期无法划分的全部进项税额 ×
（当期简易计税方法计税项目销售额＋
免征增值税项目销售额）÷ 当期全部销售额

主管税务机关可以按照上述公式依据年度数据对不得抵扣的进项税额进行清算。

【解读】本条规定了主管税务机关可以依据年度数据对不得抵扣的进项税额进行清算。

兼营简易计税方法计税项目、免税项目而无法划分的进项税额的划分公式。主要有以下情况。

（1）在纳税人现实生产经营活动中，兼营行为是很常见的，经常出现进项税额不能准确划分的情形。比较典型的就是耗用的水和电力。但同时也有很多进项税额是可以划分清楚用途的，比如：纳税人购进的一些原材料，用途是确定的，所对应的进项税额也就可以准确划分。因此，本条的公式只是对不能准确划分的进项税额进行划分计算的方法，对于能够准确划分的进项税额，直接按照归属进行区分。因此，纳税人全部不得抵扣的进项税额应按照下列公式计算：

纳税人全部不得抵扣的进项税额＝当期可以直接划分的不得抵扣的进项税额＋当期无法划分的全部进项税额 ×
（当期简易计税方法计税项目销售额＋
免税增值税项目销售额）÷ 当期全部销售额

（2）纳税人计算进项税额转出应按月进行，但由于月度间取得进项税额的不均衡性，有可能会造成按月计算的进项转出数失真，因此，主管税务机关可在年度终了对纳税人进项转出进行清算，对相应差异进行调整。

第三十条 已抵扣进项税额的购进货物（不含固定资产）、劳务、服务，发生本办法第二十七条规定情形（简易计税方法计税项目、免征增值税项目除外）的，应当将该进项税额从当期进项税额中扣减；无法确定该进项税额的，按照当期实际成本计算应扣减的进项税额。

【解读】本条是关于纳税人已抵扣进项税额发生用途改变而需要扣减的规定。理解本条规定应从以下两个方面掌握。

（1）本条规定针对的是已经抵扣进项税额的情况。

（2）由于经营情况复杂，纳税人有时会先抵扣进项税额，然后发生不得抵扣进项税额的情形，例如将购进货物申报抵扣后，又将其分配给本单位员工作为福利。为了保持征、扣税一致，本办法规定了相应的进项税额应当从已申报的进项税额中予以扣减。方法为：

1）对于能够确定的进项税额，直接将该进项税额从当期进项税额中扣减；

2）对于无法确定的进项税额，则统一按照当期实际成本来计算应扣减的进项税额。

第三十一条 已抵扣进项税额的固定资产、无形资产或者不动产，发生本办法第二十七条规定情形的，按照下列公式计算不得抵扣的进项税额：

不得抵扣的进项税额＝固定资产、无形资产或者不动产净值×适用税率

固定资产、无形资产或者不动产净值，是指纳税人根据财务会计制度计提折旧或摊销后的余额。

【案例 4-6】A 企业 2016 年 6 月 31 日购入办公楼一栋，购入时支付不含税价款 1200 万元，取得增值税专用发票（按 5% 开具的增值税专用发票），并且当月按规定抵扣了进项税额 36 万元。

A 企业的会计处理：

借：固定资产　　12 000 000

　　应交税费——应交增值税（进项税额）　　360 000

　　应交税费

　　——应交增值税（待抵扣进项税额）　　240 000

　贷：银行存款　　12 600 000

【链接】

一、固定资产（不动产）折旧及相关概念

企业应当对所有固定资产计提折旧。

折旧，是指在固定资产使用寿命内，按照确定的方法对应计折旧额进行系统分摊。

应计折旧额，是指应当计提折旧的固定资产的原价扣除其预计净残值后的金额。已计提减值准备的固定资产，还应当扣除已计提的固定资产减值准备累计金额。

预计净残值，是指假定固定资产预计使用寿命已满并处于使用寿命终了时的预期状态，企业从该项资产处置中获得的扣除预计处置费用后的金额。

二、无形资产摊销及相关概念

使用寿命有限的无形资产，其应摊销金额应当在使用寿命内系统合理摊销。使用寿命不确定的无形资产不应摊销。

企业摊销无形资产，应当自无形资产可供使用时起，至不再作为无形资产确认时止。

无形资产的应摊销金额为其成本扣除预计残值后的金额。已计提减值准备的无形资产，还应扣除已计提的无形资产减值准备累计金额。

第三十二条 纳税人适用一般计税方法计税的，因销售折让、中止或者退回而退还给购买方的增值税额，应当从当期的销项税额中扣减；因销售折让、中止或者退回而收回的增值税额，应当从当期的进项税额中扣减。

【解读】本条是对纳税人扣减销项税额和进项税额的规

定。其中涉及已开具的增值税专用发票，如发生销货退回、开票有误、应税行为中止以及发票抵扣联、发票联均无法认证等情形但不符合作废条件，或者因销货部分退回及发生销售折让，需要开具红字专用发票的，必须按国家税务总局公告 2015 年第 19 号规定的方法处理。

增值税专用发票已交付购买方的，购买方可在增值税专用发票系统升级版中填开并上传《开具红字增值税专用发票信息表》（以下统称《信息表》）。《信息表》所对应的蓝字专用发票应经税务机关认证（所购货物或服务等不属于增值税扣税项目范围的除外）。经认证结果为“认证相符”并且已经抵扣增值税进项税额的，购买方在填开《信息表》时不填写相对应的蓝字专用发票信息，应暂依《信息表》所列增值税税额从当期进项税额中转出，未抵扣增值税进项税额的可列入当期进项税额，待取得销售方开具的红字专用发票后，与《信息表》一并作为记账凭证；经认证结果“无法认证”、“纳税人识别号认证不符”、“专用发票代码、号码认证不符”，以及所购货物或服务不属于增值税扣税项目范围的，购买方不列入进项税额，不作为进项税额转出，填开《信息表》时应填写相对应的蓝字专用发票信息。

专用发票尚未交付购买方或者购买方拒收的，销售方应于专用发票认证期限内在增值税发票系统升级版中填开并上传《信息表》。

主管税务机关通过网络接收纳税人上传的《信息表》，

系统自动校验通过后，生成带有"红字发票信息表编号"的《信息表》，并将信息同步至纳税人端系统中。

销售方凭税务机关校验通过的《信息表》开具红字专用发票，在增值税发票系统升级版中以销项负数开具。红字专用发票应与《信息表》一一对应。

纳税人也可凭《信息表》电子信息或纸质资料到税务机关对《信息表》内容进行系统校验。

纳税人需要开具红字增值税普通发票的，可以在所对应的蓝字发票金额范围内开具多份红字发票。红字机动车销售统一发票需与原蓝字机动车销售统一发票一一对应。

【链接】

一、销售折让的账务处理

在通常情况下，销售行为在先，购货方希望售价减让在后，也就是说销售折让发生在销售收入已经确认之后，因此，销售折让发生时的账务处理，《会计准则第 14 号——收入》第八条是这样规定的："企业已经确认销售商品收入的售出商品发生销售折让的，应当在发生时冲减当期销售商品收入。销售折让属于资产负债表日后事项的，适用《企业会计准则第 29 号——资产负债表日后事项》。"

二、增值税发票认证

增值税发票认证是指通过增值税发票税控系统

对增值税发票所包含的数据进行识别、确认。纳税人通过增值税发票税控系统开具发票时，系统会自动将发票上的开票日期、发票号码、发票代码、购买方纳税人识别号、销售方纳税人识别号、金额、税额等要素，经过加密形成防伪电子密文打印在发票上。认证时，税务机关利用扫描仪采集发票上的密文和明文图像，或由纳税人自行采集发票电子信息传送至税务机关，通过认证系统对密文解密还原，再与发票明文进行比对，比对一致则通过认证。

发票认证是税务机关进行纳税申报管理、出口退税审核、发票稽核比对、异常发票核查以及税务稽查的重要依据，在推行"以票控税"、加强税收征管中发挥着重要作用。

三、取消增值税发票认证

2016 年 2 月，国家税务总局印发了《关于纳税信用 A 级纳税人取消增值税发票认证有关问题的公告》(国家税务总局公告 2016 年第 7 号)，对纳税信用 A 级纳税人取消增值税发票认证。

【案例 4-7】某工业企业 2016 年 3 月份会计凭证记载，销售给甲企业一批产品，开具增值税专用发票销售额为 200 000 元，销项税额 34 000 元，货已发出，货款及税款已委托银行托收，企业做如下会计分录：

借：应收账款　　234 000

　贷：产品销售收入　　200 000

　　应交税费——应交增值税（销项税额）　　34 000

4 月份企业以银行转来甲企业部分货款拒付理由书，称“发来的产品因含量不够不能按一级品付款，按二级品付款，让价 15%”，并收到甲企业货款 198 900 元。企业经研究同意甲企业的意见，企业开具红字增值税专用发票销售额 30 000 元，销项税额 5100 元，企业做如下会计分录：

借：银行存款　　198 900

　产品销售收入　　30 000

　应交税费——应交增值税（销项税额）　　5100

　贷：应收账款　　234 000

经税务人员检查，企业在没有收到购货方主管税务机关开具的《进货退出及索取折让证明单》的情况下，就擅自开具红字增值税专用发票，抵减产品销售收入 30 000 元，相应地抵减了销项税额 5100 元，违反了增值税的有关规定，应调增销项税额，补缴增值税。

案例分析：

销售折让是指企业在货物销售以后，由于货物质量、品种等不符或其他原因而事后发生的应给予购买方额外的减让。根据《增值税专用发票使用规定》第十二条规定，销售货物并向购买方开具专用发票后，如发生退货或销售折让，应视不同情况分别按以下规定办理：

第一，在发票开具当月，购买方须将原发票联和税款抵扣联主动退还销售方。销售方收到后，应在该发票联和税款抵扣联及有关的存根联、记账联上注明“作废”字样，作为扣减当期销项税额的凭证。未收到购买方退还的专用发票前，销售方不得扣减当期销项税额。属于销售折让的，销售方应按折让后的货款重开专用发票。

第二，在开具发票不符合作废条件的情况下，购买方应向主管税务机关填报《开具红字增值税专用发票申请单》，送交销售方，作为销售方开具红字专用发票的依据。销售方收到证明单后，根据退还货物的数量、价款或折让金额向购买方开具红字专用发票。红字专用发票的记账联作为销售方扣减当期销项税额的凭证，其发票联、税款抵扣联作为购买方扣减当期进项税额的凭证。

第三，购买方收到红字专用发票后，应将红字专用发票所注明的增值税额从当期进项税额中扣减，如不扣减，造成不纳税或少纳税的，属于偷税行为。销售方还应在开具红字专用发票后将该笔业务的相应记账凭证复印件报送主管税务机关备案。

第三十三条 有下列情形之一者，应当按照销售额和增值税税率计算应纳税额，不得抵扣进项税额，也不得使用增值税专用发票：

（一）一般纳税人会计核算不健全，或者不能够提供准确税务资料的。

（二）应当办理一般纳税人资格登记而未办理的。

【解读】为了加强对一般纳税人的管理，防止利用一般纳税人和小规模纳税人的两种不同的征税办法达到少缴税款的情况发生，《试点实施办法》沿用了增值税暂行条例的有关规定：对一般纳税人会计核算不健全，或者不能够提供准确税务资料的，以及应当登记一般纳税人资格而未登记的（如：年销售额超过小规模纳税人标准但未登记一般纳税人资格的），要按销售额依照增值税税率计算应纳税额，不得抵扣进项税额，也不得使用增值税专用发票。

第三十四条 简易计税方法的应纳税额，是指按照销售额和增值税征收率计算的增值税额，不得抵扣进项税额。应纳税额计算公式：

应纳税额＝销售额×征收率

【解读】简易计税方法的适用范围有两种情形：一是小规模纳税人销售服务、无形资产或者不动产；二是一般纳税人销售服务、无形资产或者不动产可选择简易计税方法计税的应税行为。

采用简易计税方法，不允许抵扣进项税额。

第三十五条 简易计税方法的销售额不包括其应纳税额，纳税人采用销售额和应纳税额合并定价方法的，按照下列公式计算销售额：

销售额=含税销售额÷（1+征收率）

【解读】本条是关于简易计税方法下如何将含税销售额换算为不含税销售额的规定。与一般计税方法相同，简易计税方法中的销售额也是不含税销售额。

第三十六条 纳税人适用简易计税方法计税的，因销售折让、中止或者退回而退还给购买方的销售额，应当从当期销售额中扣减。扣减当期销售额后仍有余额造成多缴的税款，可以从以后的应纳税额中扣减。

【解读】对小规模纳税人销售服务、无形资产或者不动产并收取价款后，发生服务中止、折让或者退回而退还销售额给购买方时，依照本条规定应将所退的款项扣减当期销售额，如果小规模纳税人已就该项业务委托税务机关为其代开了增值税专用发票的，应按规定申请开具红字专用发票。

【案例 4-8】某小规模纳税人经营的一项应税服务，2015 年 6 月发生一笔销售额为 40 000 元的业务并就此缴纳税额，7 月该业务由于合理原因发生退款（上述销售额为不含税销售额）。

第一种情况：7 月该应税服务销售额为 50 000 元。

在 7 月的销售额中扣除退款 40 000 元，7 月最终的计税销售额为 50000−40000=10000（元），7 月交纳的增值税为 10000×3%=300（元）。

第二种情况：7 月该应税服务销售额为 30 000 元，8 月该应税服务销售额为50 000元。

7月的销售额中扣除退款中的30 000元，7月最终的计税销售额为30000-30000=0（元）,7月应纳增值税额为0元；7月销售额不足扣减而未能扣减的税款为10000×3%=300（元），可以从8月及以后纳税期间扣减应纳税额。8月实际缴纳税额为：50000×3%-300=1200（元）。

第三十七条 销售额是指纳税人发生应税行为取得的全部价款和价外费用，财政部和国家税务总局另有规定的除外。

价外费用是指价外收取的各种性质的收费，但不包括以下项目：

（一）代为收取并符合本办法第十条规定的政府性基金或者行政事业性收费。

（二）以委托方名义开具发票代委托方收取的款项。

【解读】本条是关于应税行为销售额的基本规定。理解本条规定应从以下方面掌握。

1. 一般销售方式下的销售额

（1）确认销售额的前提是发生应税行为，未发生应税行为取得的收入不作为销售额，无须缴纳增值税。

（2）销售额是不含税销售额，销售额中不含增值税额本身。含税销售额按照以下公式换算：

销售额＝含税销售额 ÷（1 ＋税率或者征收率）

（3）销售额包括收取的全部价款和价外费用。

关于价外费用的具体范围，在《增值税暂行条例实施细则》中做了较详尽的列举，但是由于纳税人实际业务的复杂性，仍然会存在列举不尽的情况。因此，本条规定只对价外费用进行概括性描述，没有进行逐一列举。同时，本条明确了对代收的符合条件的政府性基金和行政事业性收费，以及以委托方名义开具发票代委托方收取的款项不属于价外费用范畴。

2. 销售额的特殊规定

（1）折扣销售

折扣销售，是指销售方在销售货物或应税劳务、发生应税行为时，因购买方购买数量较大等原因而给予购买方的价格优惠。

在同一张发票“金额”栏注明折扣额的，可按折扣后金额作为销售额。未在“金额”栏注明折扣额的，应该按折扣前金额作为销售额。

（2）发生销售折让、中止或者退回

纳税人发生应税行为因销售折让、中止或者退回的，应扣减当期的销项税额（一般计税方法）或销售额（简易计税方法）。

3. 差额确定销售额

虽然全部行业都纳入增值税的征收范围，但是目前仍然有无法通过抵扣机制避免重复征税的情况，因此引入了差额征税办法，解决纳税人税收负担增加问题。以下属于差额确定销售额的项目：

（1）金融商品转让，按照卖出价扣除买入价后的余额为销售额。

（2）经纪代理服务，以取得的全部价款和价外费用，扣除向委托方收取并代为支付的政府性基金或者行政事业性收费后的余额为销售额。

（3）融资租赁和融资性售后回租业务。

经人民银行、银监会或者商务部批准从事融资租赁业务的试点纳税人，提供融资租赁服务，以取得的全部价款和价外费用，扣除支付的借款利息（包括外汇借款和人民币借款利息）、发行债券利息和车辆购置税后的余额为销售额。

经人民银行、银监会或者商务部批准从事融资租赁业务的试点纳税人，提供融资性售后回租服务，以取得的全部价款和价外费用（不含本金），扣除对外支付的借款利息（包括外汇借款和人民币借款利息）、发行债券利息后的余额作为销售额。

试点纳税人根据2016年4月30日前签订的有形动产融资性售后回租合同，在合同到期前提供的有形动产融资性售后回租服务，可继续按照有形动产融资租赁服务缴纳增值税。

继续按照有形动产融资租赁服务缴纳增值税的试点纳税人，经人民银行、银监会或者商务部批准从事融资租赁业务的，根据 2016 年 4 月 30 日前签订的有形动产融资性售后回租合同，在合同到期前提供的有形动产融资性售后回租服务，可以选择以下方法之一计算销售额。

其一，以向承租方收取的全部价款和价外费用，扣除向承租方收取的价款本金，以及对外支付的借款利息（包括外汇借款和人民币借款利息）、发行债券利息后的余额作为销售额。纳税人提供有形动产融资性售后回租服务，计算当期销售额时可以扣除的价款本金，为书面合同约定的当期应当收取的本金。无书面合同或者书面合同没有约定的，为当期实际收取的本金。试点纳税人提供有形动产融资性售后回租服务，向承租方收取的有形动产价款本金，不得开具增值税专用发票，可以开具普通发票。

其二，以向承租方收取的全部价款和价外费用，扣除支付的借款利息（包括外汇借款和人民币借款利息）、发行债券利息后的余额作为销售额。

航空运输企业的销售额，不包括代收的机场建设费和代售其他航空运输企业客票而代收转付的价款。

试点纳税人中的一般纳税人提供客运场站服务，以其取得的全部价款和价外费用，扣除支付给承运方运费后的余额作为销售额。

试点纳税人提供旅游服务，可以选择以取得的全部价款和价外费用，扣除向旅游服务购买方收取并支付给其他单位或者个人的住宿费、餐饮费、交通费、签证费、门票费和支付给其他接团旅游企业的旅游费用后的余额作为销售额。

选择上述办法计算销售额的试点纳税人，向旅游服务购买方收取并支付的上述费用，不得开具增值税专用发票，可以开具普通发票。

试点纳税人提供建筑服务适用简易计税方法的，以取得的全部价款和价外费用扣除支付的分包款后的余额作为销售额。

房地产开发企业中的一般纳税人销售其开发的房地产项目（选择简易计税方法的房地产老项目除外），以取得的全部价款和价外费用，扣除受让土地时向政府部门支付的土地价款后的余额作为销售额。

一般纳税人销售其2016年4月30日前取得（不含自建）的不动产，可以选择适用简易计税方法，以取得的全部价款和价外费用减去该项不动产购置原价或者取得不动产时的作价后的余额作为销售额。

小规模纳税人销售其取得（不含自建）的不动产（不含个体工商户销售购买的住房和其他个人销售不动产），应以取得的全部价款和价外费用减去该项不动产购置原价或者取得不动产时的作价后的余额作为销售额。

第三十八条 销售额以人民币计算。纳税人按照人民币以外的货币结算销售额的，应当折合成人民币计算，折合率可以选择销售额发生的当天或者当月1日的人民币汇率中间价。纳税人应当在事先确定采用何种折合率，确定后12个月内不得变更。

【解读】以外币结算的销售额，应当折合为人民币计算。本条规定的两种折合方法属于一种会计政策，所选择的折合率显著影响应纳增值税额。

第三十九条 纳税人兼营销售货物、劳务、服务、无形资产或者不动产，适用不同税率或者征收率的，应当分别核算适用不同税率或者征收率的销售额；未分别核算的，从高适用税率。

【解读】“营改增”后，兼营行为变得更加常见，只要纳税人同时从事多种不同税目税率的增值税业务活动，都可称之为兼营。原“营改增”过程中出现的“混业经营”概念已被彻底废除。

例如，某试点一般纳税人既有不动产销售业务，又有物业管理业务（但不属于混合销售）。如果该纳税人能够分别核算上述两项应税行为的销售额，则销售不动产适用11%的增值税税率，物业管理服务适用6%的增值税税率；如果该纳税人没有分别核算上述两项应税行为的销售额，则销售不动产和提供物业管理服务均应从高适用11%的增值税税率。

第四十条 一项销售行为如果既涉及服务又涉及货物，则称为混合销售。从事货物的生产、批发或者零售的单位和个体工商户的混合销售行为，按照销售货物缴纳增值税；其他单位和个体工商户的混合销售行为，按照销售服务缴纳增值税。

本条所称从事货物的生产、批发或者零售的单位和个体工商户，包括以从事货物的生产、批发或者零售为主，并兼营销售服务的单位和个体工商户在内。

【解读】“营改增”后，混合销售的内涵也发生一定程度的改变。混合销售行为成立的行为标准有两点：一是销售行为既涉及服务又涉及货物，二是购买方是同一个纳税人，且在同一笔销售业务中完成服务与货物的交易，才称之为混合销售。

混合销售适用的税目税率根据纳税人所从事的业务内容的主要方面来决定，凡是从事货物的生产、批发或者零售的单位和个体工商户（包括以从事货物的生产、批发或者零售为主，并兼营销售服务的单位和个体工商户），按照销售货物缴纳增值税；其他单位和个体工商户的混合销售行为，按照销售服务缴纳增值税。例如，生产货物的单位，在销售货物的同时附带运输，其销售货物及提供运输的行为属于混合销售行为，所收取的货物款项及运输费用应一律按照货物销售计算缴纳增值税。

第四十一条 纳税人兼营免税、减税项目的，应当分别核算免税、减税项目的销售额；未分别核算的，不得免税、减税。

【解读】这一条规定是为了使纳税人能够准确核算和反映免税、减税项目的销售额，将分别核算作为纳税人减免税的前置条件。未分别核算销售额的，按照《试点实施办法》的规定，不得享受免税、减税优惠。

第四十二条 纳税人发生应税行为，开具增值税专用发票后，发生开票有误或者销售折让、中止、退回等情形的，应当按照国家税务总局的规定开具红字增值税专用发票；未按照规定开具红字增值税专用发票的，不得按照本办法第三十二条和第三十六条的规定扣减销项税额或者销售额。

【解读】这一条款体现了权利与义务对等的原则。从销售方的角度看，发生退款时，计算征收增值税的销售额减少，因此可以扣减自己的销项税额，减少纳税义务。而从购买方角度看，发生退款时对方应纳增值税减少，相应要扣减自己的进项税额，从而合理保证国家税款能够足额征收。

第四十三条 纳税人发生应税行为，将价款和折扣额在同一张发票上分别注明的，以折扣后的价款为销售额；未在同一张发票上分别注明的，以价款为销售额，不得扣减折扣额。

【解读】例如，纳税人提供应税服务的价款为 120 元、折扣额为 20 元，如果将价款和折扣额在同一张发票上的“金额”栏分别注明，以折扣后的价款作为销售额征收增值税。未在同一张发票上的“金额”栏注明折扣额，而仅在发票的“备注”栏注明折扣额的，折扣额不得从价款中减除。

第四十四条 纳税人发生应税行为价格明显偏低或者偏高且不具有合理商业目的的，或者发生本办法第十四条所列行为而无销售额的，主管税务机关有权按照下列顺序确定销售额。

（一）按照纳税人最近时期销售同类服务、无形资产或者不动产的平均价格确定。

（二）按照其他纳税人最近时期销售同类服务、无形资产或者不动产的平均价格确定。

（三）按照组成计税价格确定。组成计税价格的公式为：

组成计税价格＝成本×（1＋成本利润率）

成本利润率由国家税务总局确定。

不具有合理商业目的，是指以谋取税收利益为主要目的，通过人为安排，减少、免除、推迟缴纳增值税税款，或者增加退还增值税税款。

【解读】

“不具有合理商业目的”的安排是指违背立法意图，且主要目的在于获得包括减少、免除、推迟缴纳税款或者税法规定的其他支付款项，或者增加返还、退税收入或者税法规定的其他收入款项等税收利益的人为规划的一个或者一系列行动或者交易，包括任何明确或者隐含的、实际执行或者意图执行的合同、协议、计划、谅解、承诺或者保证等，以及根据它们而付诸实施的所有行动和交易。

除纳税人发生应税行为价格明显偏低或者偏高且不具有合理商业目的的，纳税人发生视同发生应税行为情形的，主管税务机关也有权按照下列顺序确定销售额：

（1）按照纳税人最近时期销售同类应税行为的平均价格确定。

（2）按照其他纳税人最近时期销售同类应税行为的平均价格确定。

（3）按照组成计税价格确定。组成计税价格的公式为：

组成计税价格 = 成本 ×（1 +成本利润率）

【案例 4-9】A 公司是一家生产汽车配件的企业，全国各地的很多汽车维修站均在使用、销售该公司配件。2015 年 2 月，A 公司将购进的 1 批配件作为实物奖励无偿赠送给北京、沈阳、哈尔滨等地的各个维修站，配件的不含税金额为 2 000 000 元，取得增值税专用发票。该公司上述业务账务处理如下：

A 公司的会计处理：

在购进配件时：

借：库存商品　　2 000 000

　　应交税费——应交增值税（进项税额）　　340 000

　贷：应付账款　　2 340 000

在将配件对外赠送时应当确认收入、计提销项，并同时结转该配件的成本：

借：销售费用　　2 340 000

　贷：主营业务收入　　2 000 000

　　　应交税费——应交增值税（销项税额）　　340 000

借：主营业务成本　　2 000 000

　贷：库存商品　　2 000 000

将自产、委托加工或购进的货物无偿提供给其他单位或个人，属于视同销售，要确认销项税额。

第五章　纳税义务、扣缴义务发生时间和纳税地点

第四十五条　增值税纳税义务、扣缴义务发生时间如下。

（一）纳税人发生应税行为并收讫销售款项或者取得索取销售款项凭据的当天；先开具发票的，为开具发票的当天。

收讫销售款项，是指纳税人销售服务、无形资产、不动产过程中或者完成后收到款项。

取得索取销售款项凭据的当天，是指书面合同确定的付款日期；未签订书面合同或者书面合同未确定付款日期的，为服务、无形资产转让完成的当天或者不动产权属变更的当天。

（二）纳税人提供建筑服务、租赁服务采取预收款方式的，其纳税义务发生时间为收到预收款的当天。

（三）纳税人从事金融商品转让的，为金融商品所有权转移的当天。

（四）纳税人发生本办法第十四条规定情形的，其纳税义务发生时间为服务、无形资产转让完成的当天或者不动产

权属变更的当天。

（五）增值税扣缴义务发生时间为纳税人增值税纳税义务发生的当天。

【解读】本条是关于纳税义务发生时间确认原则的规定。理解本条规定应从以下四个方面掌握。

1. 如何理解“先开具发票的，纳税义务发生时间为开具发票的当天”

纳税人发生应税行为，由于增值税实行凭专用发票抵扣税款的办法，购买方在取得销售方开具的专用发票后，即使尚未向提供方支付相关款项，仍然可以按照有关规定凭专用发票抵扣进项税额。因此，如果再以收讫销售款项或者取得索取销售款项凭据的当天作为销售方的纳税义务发生时间，就会造成增值税的征收与抵扣相脱节，即销售方尚未申报纳税，购买方已经提前抵扣了税款。此外，为使纳税人开具增值税普通发票与专用发票的征税原则保持一致。本条规定：如果纳税人发生应税行为时先开具发票的，纳税义务发生时间为开具发票的当天。

需要注意的是，以开具发票的当天为纳税义务发生时间的前提，是纳税人发生应税行为。

2. 如何理解“收讫销售款项，是指纳税人发生应税行为过程中或者完成后收到款项”

（1）按照收讫销售款项确认应税行为纳税义务发生时间的，应以发生应税行为为前提；

（2）收讫销售款项，是指在应税行为发生后收到的款项，包括在应税行为发生过程中或者完成后收取的款项；

（3）除了提供建筑服务、租赁服务采取预收款方式外，在发生应税行为之前收到的款项不属于收讫销售款项，不能按照该时间确认纳税义务发生。

3. 如何理解"取得索取销售款项凭据的当天"

取得索取销售款项凭据的当天，是指书面合同确定的付款日期的当天；未签订书面合同或者书面合同未确定付款日期的，为应税行为完成的当天。

取得索取销售款项凭据的当天按照如下顺序掌握：

（1）签订了书面合同且书面合同确定了付款日期的，按照书面合同确定的付款日期的当天确认纳税义务发生；

（2）未签订书面合同或者书面合同未确定付款日期的，按照应税行为完成的当天确认纳税义务发生。

4. 纳税义务发生时间中的特殊规定

（1）采取预收款方式提供建筑服务、租赁服务。纳税人提供建筑服务、租赁服务采取预收款方式的，其纳税义务发生时间为收到预收款的当天。如何理解这句话？纳税人提供建筑服务和租赁服务与提供其他应税服务的处理原则有所不同，如果纳税人采取预收款方式的，以收到预收款的当天作为纳税义务发生时间。

【案例 5-1】某试点纳税人为小规模纳税人，2016 年 8 月出租一辆小轿车，租金 5000 元/月，一次性预收了对方两年的租金共 120 000 元。假设该租金收入均为不含税，该企业会计处理如下：

借：银行存款　　123 600

　贷：其他业务收入——租赁收入　　60 000

　　　预收账款——预收租金　　60 000

　　　应交税费——应交增值税　　3 600

纳税人提供建筑服务、租赁服务采取预收款方式的，其纳税义务发生时间为收到预收款的当天。则应在收到 120 000 元租金的当天确认纳税义务发生，并按 60 000 元确认收入，但是要按 120 000 元计算缴纳增值税，而不能按月分摊确认收入计算缴纳增值税。

（2）纳税人从事金融商品转让，纳税义务发生时间为金融商品所有权转移的当天。

（3）视同发生应税行为的纳税义务发生时间。纳税人发生《试点实施办法》第十四条视同发生应税行为的，其纳税义务发生时间为应税行为完成的当天。

《营业税改征增值税试点实施办法》第十四条规定：除以公益活动为目的或者以社会公众为对象外，向其他单位或者个人无偿提供服务，以及向其他单位或者个人无偿转让无形资产或者不动产，应视同发生应税行为缴纳增值税。由于无偿提供应税服务、无偿转让无形资产或者不动产不存在收讫销售款项或者取得索取销售款项凭据的情况，因此，将其纳税义务发生时间确定为应税行为完成的当天。

第四十六条 增值税纳税地点如下。

（一）固定业户应当向其机构所在地或者居住地主管税务机关申报纳税。总机构和分支机构不在同一县（市）的，应当分别向各自所在地的主管税务机关申报纳税；经财政部和国家税务总局或者其授权的财政和税务机关批准，可以由总机构汇总向总机构所在地的主管税务机关申报纳税。

（二）非固定业户应当向应税行为发生地主管税务机关申报纳税；未申报纳税的，由其机构所在地或者居住地主管税务机关补征税款。

（三）其他个人提供建筑服务，销售或者租赁不动产，转让自然资源使用权，应向建筑服务发生地、不动产所在地、自然资源所在地主管税务机关申报纳税。

（四）扣缴义务人应当向其机构所在地或者居住地主管税务机关申报缴纳扣缴的税款。

【解读】本条明确了固定业户、非固定业户、其他个人以及扣缴义务人的纳税地点问题。

（1）固定业户应当向其机构所在地或者居住地主管税务机关申报纳税。

根据税收属地管辖原则，固定业户应当向其机构所在地的主管税务机关申报纳税，这是一般性规定。这里的机构所在地是指纳税人的注册登记地。如果固定业户设有分支机构，且不在同一县（市）的，应当分别向各自所在地的主管税务机关申报纳税。经财政部和国家税务总局或者其授权的财政和税务机关批准，可以由总机构汇总向总机构所在地的主管税务机关申报纳税。具体审批权限如下。

1）总机构和分支机构不在同一省、自治区、直辖市的，经财政部和国家税务总局批准，可以由总机构汇总向总机构所在地的主管税务机关申报纳税。

2）总机构和分支机构不在同一县（市），但在同一省、自治区、直辖市范围内的，经省、自治区、直辖市财政厅（局）、国家税务局审批同意，可以由总机构汇总向总机构所在地的主管税务机关申报纳税。

（2）非固定业户应当向应税行为发生地的主管税务机关申报纳税；未申报纳税的，由其机构所在地或者居住地的主管税务机关补征税款。

（3）其他个人提供建筑服务，销售或者租赁不动产，转让自然资源使用权，应向建筑服务发生地、不动产所在地、自然资源所在地税务机关申报纳税。这样的做法既维持各地原来的财政收入不变，也保证征管质量，促进各地税务机关征管积极性。

（4）为促使扣缴义务人履行扣缴义务，同时方便其申报缴纳所扣缴税款，本条规定扣缴义务人向其机构所在地或者居住地的主管税务机关申报缴纳其扣缴的税款。

第四十七条 增值税的纳税期限分别为1日、3日、5日、10日、15日、1个月或者1个季度。纳税人的具体纳税期限，由主管税务机关根据纳税人应纳税额的大小分别核定。

以1个季度为纳税期限的规定适用于小规模纳税人、银行、财务公司、信托投资公司、信用社，以及财政部和国家税务总局规定的其他纳税人。不能按照固定期限纳税的，可以按次纳税。

纳税人以1个月或者1个季度为1个纳税期的，自期满之日起15日内申报纳税；以1日、3日、5日、10日或者15日为1个纳税期的，自期满之日起5日内预缴税款，于次月1日起15日内申报纳税并结清上月应纳税款。扣缴义务人解缴税款的期限，按照前两款规定执行。

【解读】本条新增了银行、财务公司、信托投资公司、信用社以1个季度为1个纳税期的规定。需要注意的是，《国家税务总局关于合理简并纳税人申报缴税次数的公告》（国家税务总局公告2016年第6号）规定，自4月1日起，增值税小规模纳税人原则上实行按季申报缴纳增值税。

第六章　税收减免的处理

第四十八条 纳税人发生应税行为适用免税、减税规定的，可以放弃免税、减税，依照本办法的规定缴纳增值税。放弃免税、减税后，36个月内不得再申请免税、减税。

纳税人发生应税行为同时适用免税和零税率规定的，纳税人可以选择适用免税或者零税率。

【解读】现行的增值税税收优惠主要包括：直接免税、减征税款、即征即退（税务机关负责退税）、先征后返（财政部门负责退税）等形式。销售服务、无形资产或者不动产由营业税改征增值税后，为实现试点纳税人原享受的营业税优惠政策平稳过渡，《营业税改征增值税试点过渡政策的规定》明确了在试点期间试点纳税人可以享受的有关增值税优惠政策。

理解本条规定需要注意以下几个方面。

（1）放弃免税权的增值税一般纳税人发生应税行为可以开具增值税专用发票。

（2）纳税人一经放弃免税权，其所发生的全部应税行为均应按照适用税率征税，不得选择某一免税项目放弃免税权，也不得根据不同的对象选择部分应税行为放弃免税权。

（3）纳税人在免税期内购进用于免税项目的货物、加工修理修配劳务或者应税行为所取得的增值税扣税凭证，一律不得抵扣。

（4）纳税人发生适用零税率的应税行为，应当按期向主管税务机关申报办理退（免）税，具体办法由财政部和国家税务总局制定。

（5）在满足《试点实施办法》规定的纳税义务发生时间的有关规定以及国家对应税行为出口设定的有关条件后，免征其出口应税行为的增值税，对实际承担的增值税进项税额，抵减应纳税额，未抵减完的部分予以退还。具体免抵退税额计算按照《关于发布〈营业税改征增值税试点地区适用增值税零税率应税服务免抵退税管理办法（暂行）〉的公告》（国家税务总局〔2012〕13号公告）等文件执行。

第四十九条 个人发生应税行为的销售额未达到增值税起征点的，免征增值税；达到起征点的，全额计算缴纳增值税。

增值税起征点不适用于登记为一般纳税人的个体工商户。

【解读】理解增值税起征点的规定应从以下三个方面掌握。

1. 适用范围

增值税起征点仅适用于《试点实施办法》规定的个人，包括：个体工商户和其他个人，但不适用于认定为一般纳税人的个体工商户。即增值税起征点仅适用于按照小规模纳税人纳税的个体工商户和其他个人。

2. 销售额的确定

增值税起征点所称的销售额是指纳税人销售服务、无形资产或者不动产的销售额（不包括销售货物和提供加工修理修配劳务的销售额），销售额不包括其应纳税额，采用销售额和应纳税额合并定价方法的，按照下列公式计算销售额：

销售额＝含税销售额 ÷（1 ＋征收率）

3. 达到增值税起征点的征税规定

纳税人达到增值税起征点的，应全额计算缴纳增值税，不应仅就超过增值税起征点的部分计算缴纳增值税。

【案例 6-1】纳税人提供应税服务的起征点为 20 000 元，某个体工商户（小规模纳税人）本月取得交通运输服务收入 20 000 元（含税），该个体工商户本月应缴纳多少增值税？

因为提供应税服务的起征点为 20 000 元，该个体工商户本月交通运输服务不含税收入为 20000÷（1 ＋ 3%）=19417.48（元）。交通运输服务取得的收入未达到起征点，因此对该部分收入无须缴纳增值税。

第五十条 增值税起征点幅度如下：

（一）按期纳税的，为月销售额 5000 ～ 20 000 元（含本数）。

（二）按次纳税的，为每次（日）销售额 300 ～ 500 元

（含本数）。

起征点的调整由财政部和国家税务总局规定。省、自治区、直辖市财政厅（局）和国家税务局应当在规定的幅度内，根据实际情况确定本地区适用的起征点，并报财政部和国家税务总局备案。

对增值税小规模纳税人中月销售额未达到 2 万元的企业或非企业性单位，免征增值税。2017 年 12 月 31 日前，对月销售额 2 万元（含本数）至 3 万元的增值税小规模纳税人，免征增值税。

【解读】本条是关于增值税起征点的具体规定。不同地区的执行标准可能会有所差异。

第七章　征收管理

第五十一条 营业税改征的增值税，由国家税务局负责征收。纳税人销售取得的不动产和其他个人出租不动产的增值税，国家税务局暂委托地方税务局代为征收。

【解读】营业税改征增值税之前，纳税人销售服务、无形资产或者不动产属于征收营业税的范围，由地方税务局负责征收。《试点实施办法》中明确：销售服务、无形资产或者不动产由营业税改征的增值税，由国家税务局负责征收。即纳税人销售服务、无形资产或者不动产不再向主管地方税务局申报缴纳营业税，应向主管国家税务局申报缴纳增值税，但是，对于纳税人销售不动产和其他个人出租不动产的增值税，暂委托地方税务局代为征收。

第五十二条 纳税人发生适用零税率的应税行为，应当按期向主管税务机关申报办理退（免）税，具体办法由财政部和国家税务总局制定。

【解读】本条是对试点纳税人发生适用零税率应税行为的规定。在满足《试点实施办法》规定的纳税义务发生时间的有关规定以及国家对应税行为出口设定的有关条件后，免征其出口应税行为的增值税，对实际承担的增值税进项税额，抵减应纳税额，未抵减完的部分予以退还。退免税具体操作按照国家税务总局有关规定执行。

第五十三条 纳税人发生应税行为，应当向索取增值税专用发票的购买方开具增值税专用发票，并在增值税专用发票上分别注明销售额和销项税额。

属于下列情形之一的，不得开具增值税专用发票：

（一）向消费者个人销售服务、无形资产或者不动产。

（二）适用免征增值税规定的应税行为。

【解读】

本条明确了纳税人销售服务、无形资产或者不动产开具增值税专业发票的相关规定。

增值税专用发票，是购买方支付增值税额并可按照增值税有关规定据以抵扣进项税额的凭证，纳税人发生应税行为，应当向索取增值税专用发票的购买方开具增值税专用发票，并在增值税专用发票上分别注明销售额和销项税额。但是，有如下两种情况之一的，纳税人不得开具增值税专用发票。

1. 向消费者个人销售服务、无形资产或者不动产

消费者个人是应税行为的最终消费者，也是增值税税款的最终负担者，无须取得增值税专用发票据以抵扣进项税额。因此，纳税人向消费者个人销售服务、无形资产或者不动产不得开具增值税专用发票，只能开具增值税普通发票。

2. 适用免征增值税规定的应税行为

纳税人销售服务、无形资产或者不动产适用免征增值

税规定的，在该环节不缴纳增值税，不存在将本环节已缴纳增值税税款传递给下一环节纳税人抵扣的问题。因此，纳税人销售服务、无形资产或者不动产适用免征增值税规定的，也不得开具增值税专用发票，只能开具增值税普通发票。

第五十四条 小规模纳税人发生应税行为，购买方索取增值税专用发票的，可以向主管税务机关申请代开。

【解读】由于增值税小规模纳税人不能自行开具增值税专用发票，其销售服务、无形资产或者不动产，如果购买方索取增值税专用发票的，可以向主管税务机关申请代开增值税专用发票。但是，对小规模纳税人向消费者个人销售服务、无形资产或者不动产以及应税行为适用免征增值税规定的，不得申请代开增值税专用发票。

第五十五条 纳税人增值税的征收管理，按照本办法和《中华人民共和国税收征收管理法》及现行增值税征收管理有关规定执行。

【解读】本条明确了试点纳税人增值税的征收管理，按照《试点实施办法》和《中华人民共和国税收征收管理法》及现行增值税征收管理有关规定执行。其中，现行增值税征收管理有关规定，不仅包括《试点实施办法》的相关配套增值税规定，也应当包括《试点实施办法》颁布实施以前已经下发且现行有效的增值税政策。

第二篇

建筑业“营改增”案例评析

第八章　建筑业税制分析

“营改增”于 2016 年 5 月 1 日在全国范围内全面推开，其中一个重要的行业就是建筑业。“营改增”将会对建筑业产生深远影响。

首先，“营改增”有利于建筑业及其上下游产业的融合，促进建筑业的健康发展。增值税实行凭发票抵扣制度，通过发票把买卖双方连成一个整体，并形成一个完整抵扣链条，促进上下游产业的融合发展。同时，在这一链条中，无论哪一个环节少纳税，都会导致下一环节多纳税。可见，增值税的实施使建筑业的所有参与主体都形成了一种利益制约关系，这种相互制约、交叉管理有利于整个行业的规范和健康发展。

其次，“营改增”有利于促进全行业的结构形式更趋合理。建筑行业的结构形式是“总承包－专业承包－劳务分包”的金字塔形结构。但是目前建筑施工企业大多还是总承包，很多企业从事专业施工的积极性不高，这与原来的营业税征收制度具有一定的关系，特别是有些地方政府的揽税、返税做法起了不良导向作用。“营改增”后，这些做法将失去实际意义，一是因为增值税的实质是按增加值实行差额征税，二是因其属国税而不可能再给予税收或财政返还。这样，建筑施工企业就有了转型的动力。

最后，“营改增”有利于规范建筑施工企业的经营行为，维护建筑市场的正常秩序。建筑业实施“营改增”后，支付总、分包单位的工程结算款的进项税额抵扣将成为税务部门监管的重点，而税务部门必然要求工程建设单位和相关建筑施工企业向其报送总、分包单位的相关详细资料以备案审核。同时，“营改增”后，因建筑企业取得的增值税发票需要通过网络认证系统确认，这必将促进建筑服务产业链上发票的进一步规范，有效规避虚假发票。这些也必将对规范业主行为和建筑施工企业的经营行为产生深远影响，有利于进一步规范建筑服务市场的正常秩序。

总之，长远来看，“营改增”将促进建筑业的健康发展。但对微观建筑施工企业个体来说，能否真正从“营改增”中获益，很大程度上取决于其经营管理能力和对“营改增”政策的理解和运用。建筑施工企业只有做好税务风险控制和税收筹划，才能防止税负不降反增；只有每一个企业都做好这些工作，“营改增”对整个行业的好处才能真正显现。

一、纳税人与扣缴义务人

（一）纳税人

在中华人民共和国境内销售建筑业服务的单位和个人，为建筑业增值税的纳税人。

建筑业增值税纳税人分为一般纳税人和小规模纳税人。

建筑业应税行为的年应征增值税销售额超过财政部和国家税务总局规定标准的纳税人为一般纳税人，未超过规定标准的纳税人为小规模纳税人。

（二）扣缴义务人

中华人民共和国境外单位或者个人在境内发生应税行为，在境内未设有经营机构的，以购买方为增值税扣缴义务人，财政部和国家税务总局另有规定的除外。

以承包、承租、挂靠方式经营的如何纳税？

依据财税〔2016〕36号中附件一《营业税改征增值税试点实施办法》第二条规定，单位以承包、承租、挂靠方式经营的，承包人、承租人、挂靠人（以下统称承包人）以发包人、出租人、被挂靠人（以下统称发包人）名义对外经营并由发包人承担相关法律责任的，以该发包人为纳税人。否则，以承包人为纳税人。

二、应税服务范围

（一）应税建筑服务的具体范围

建筑服务，是指各类建筑物、构筑物及其附属设施的建造、修缮、装饰、线路、管道、设备、设施等的安装以及其他工程作业的业务活动，包括工程服务、安装服务、修缮服务、装饰服务和其他建筑服务。

1. 工程服务

工程服务，是指新建、改建各种建筑物、构筑物的工程作业，包括与建筑物相连的各种设备或者支柱、操作平台的安装或者装设工程作业，以及各种窑炉和金属结构工程作业。

2. 安装服务

安装服务，是指生产设备、动力设备、起重设备、运输设备、传动设备、医疗实验设备以及其他各种设备、设施的装配、安置工程作业，包括与被安装设备相连的工作台、梯子、栏杆的装设工程作业，以及被安装设备的绝缘、防腐、保温、油漆等工程作业。

固定电话、有线电视、宽带、水、电、燃气、暖气等经营者向用户收取的安装费、初装费、开户费、扩容费以及类似收费，按照安装服务缴纳增值税。

3. 修缮服务

修缮服务，是指对建筑物、构筑物进行修补、加固、养护、改善，使之恢复原来的使用价值或者延长其使用期限的工程作业。

4. 装饰服务

装饰服务，是指对建筑物、构筑物进行修饰装修，使之美观或者具有特定用途的工程作业。

5. 其他建筑服务

其他建筑服务，是指上列工程作业之外的各种工程作业服务，如钻井（打井）、拆除建筑物或者构筑物、平整土地、园林绿化、疏浚（不包括航道疏浚）、建筑物平移、搭脚手架、爆破、矿山穿孔、表面附着物（包括岩层、土层、沙层等）剥离和清理等工程作业。

（二）应税建筑服务的特殊规定

下列情形视同销售建筑服务，应按规定缴纳增值税：

（1）单位或者个体工商户向其他单位或者个人无偿提供建筑服务，但用于公益事业或者以社会公众为对象的除外；

（2）财政部和国家税务总局规定的其他情形。

三、税率和征收率

建筑业纳税人分为一般纳税人和小规模纳税人。纳税人提供建筑服务的年应征增值税销售额超过500万元（含本数）的为一般纳税人，未超过规定标准的纳税人为小规模纳税人。

一般纳税人适用税率为11%；小规模纳税人提供建筑服务，以及一般纳税人提供的可选择简易计税方法的建筑服务，征收率为3%。境内的购买方为境外单位和个人扣缴增值税的，按照适用税率扣缴增值税。

可见，对于一般纳税人来说，“营改增”之后，其税率有较大程度的提高。建筑业企业一般纳税人必须获得足够多的可抵扣进项税额，才能防止税负攀升。

四、应纳税额的计算

建筑业增值税的计税方法，分为一般计税方法和简易计税方法。一般纳税人发生应税行为适用一般计税方法，小规模纳税人适用简易计税方法。一般纳税人发生财政部和国家税务总局规定的特定应税行为，可以选择适用简易计税办法计税，但一经选择，36 个月内不得变更。

（一）一般计税方法

一般计税方法下：

应纳增值税 = 当期销项税额 − 当期进项税额

其中销项税额 = 销售额 ×11%，此处销售额不包括销项税额，纳税人采用销售额和销项税额合并定价方法的，按照下列公式计算销售额：

销售额 = 含税销售额 ÷（1 + 11%）

进项税额，是指纳税人购进货物、加工修理修配劳务、服务、无形资产或者不动产，支付或者负担的增值税额。纳税人取得的增值税扣税凭证不符合法律、行政法规或者国家税务总局有关规定的，其进项税额不得从销项税额中抵扣。因此，建筑业企业应加强增值税专用发票管理，防止出现发票无效的情况。

国家税务总局关于发布《不动产进项税额分期抵扣暂行办法》的公告（国家税务总局公告 2016 年第 15 号）规定：

增值税一般纳税人（以下称纳税人）2016年5月1日后取得并在会计制度上按固定资产核算的不动产，以及2016年5月1日后发生的不动产在建工程，其进项税额应按照本办法有关规定分2年从销项税额中抵扣，第一年抵扣比例为60%，第二年抵扣比例为40%。

取得的不动产，包括以直接购买、接受捐赠、接受投资入股以及抵债等各种形式取得的不动产。

纳税人新建、改建、扩建、修缮、装饰不动产，属于不动产在建工程。

纳税人2016年5月1日后购进货物、设计服务、建筑服务，用于新建不动产，或者用于改建、扩建、修缮、装饰不动产并增加不动产原值超过50%的，其进项税额依照本办法规定分两年从销项税额中抵扣。

【案例8-1】某纳税人为增值税一般纳税人，其购进材料直接耗用于不动产在建工程，其应该根据具体情况进行相应处理。

如果该不动产在建工程项目属于新建不动产，则该项材料进项税额中的60%于当期抵扣，剩余40%于取得扣税凭证额当月起第13个月抵扣。

如果该不动产在建工程项目属于改建、扩建、修缮、装饰不动产：购进的该部分材料成本未计入不动产原值的，该项材料进项税额可于当期全部抵扣；购进的该部分材料成本计入不动产原值且成本达到不动产原值50%的，该项材料进项税额可于当期全部抵扣；购进的该部分材料成本计入不动产原值且成本达到或超过不动产原值50%的，则进项税额中的60%于当期抵扣，剩余的40%于取得扣税凭证的第13个月抵扣。

（二）简易计税方法

简易计税方法下，提供建筑服务的试点纳税人，应以取得的全部价款和价外费用扣除支付的分包款后的余额为销售额计算缴纳增值税。简易计税方法的销售额不包括其应纳税额。纳税人采用销售额和应纳税额合并定价方法的，按照下列公式计算销售额：

$$销售额 = 含税销售额 \div (1 + 征收率)$$

一般情况下，只有小规模纳税人才可以使用简易计税方法，但有以下几种情形，一般纳税人可以选择简易计税方法。

1. 一般纳税人以清包工方式提供的建筑服务

【注释】以清包工方式提供建筑服务，是指施工方不采购建筑工程所需的材料或只采购辅助材料，并收取人工费、管理费或者其他费用的建筑服务。

2. 一般纳税人为甲供工程提供的建筑服务

【注释】甲供工程，是指全部或部分设备、材料、动力由工程发包方自行采购的建筑工程。

3. 一般纳税人为建筑工程老项目提供的建筑服务

【注释】建筑工程老项目，是指：

（1）《建筑工程施工许可证》注明的合同开工日期在2016年4月30日前的建筑工程项目；

（2）未取得《建筑工程施工许可证》的，建筑工程承包合同注明的开工日期在2016年4月30日前的建筑工程项目。

☞ **延伸：**建筑工程许可证与建筑工程承包合同。建筑工程分两类，一类叫土建工程，一类叫非土建工程（安装工程、装修工程），所有的土建工程都必须到当地建委备案。所以只有在建委备案的建筑工程承包合同才能办理建筑工程施工许可证，而且工程施工许可证是在总承包合同在建委备案了以后才能办理。分包不用办理工程施工许可证，分包是跟着总包走的。所以工程施工许可证一定是在签订建筑承包合同后获取的，如果没有签订建筑承包合同，就不可能有工程施工许可证。

上述三种情况下，建筑施工企业很难取得足够多的增值税进项税额发票进行抵扣，所以一般纳税人可选择按照简易计税方法计税，这就保证了企业的税负不会增加。因此，如果建筑施工企业的建筑工程项目符合上述三个条件之一，企业就可以选择按照简易计税方法计税，防止出现增值税税负的大幅增加。需要注意的是，企业必须对这些项目进行单独核算，才能适用简易计税方法。

（三）销售额的确定

1.基本规定

纳税人的销售额为纳税人提供建筑服务收取的全部价款和价外费用。

价外费用，是指价外收取的各种性质的收费，但不包括以下项目：

（1）代为收取并符合本办法第九条规定的政府性基金或者行政事业性收费；

（2）以委托方名义开具发票代委托方收取的款项。

2.具体规定

试点纳税人提供建筑服务适用简易计税方法的，以取得的全部价款和价外费用扣除支付的分包款后的余额为销售额。

试点纳税人按照上述规定从全部价款和价外费用中扣除的价款，应当取得符合法律、行政法规和国家税务总局规定的有效凭证。否则，不得扣除。

有效凭证是指以下几种凭证。

（1）从分包方取得的2016年4月30日前开具的建筑业营业税发票。上述建筑业营业税发票在2016年6月30日前可作为预缴税款的扣除凭证。

（2）从分包方取得的2016年5月1日后开具的，备注栏注明建筑服务发生地所在县（市、区）项目名称的增值税发票。

（3）国家税务总局规定的其他凭证。

五、征收管理

（一）增值税纳税义务、扣缴义务发生时间

纳税人提供建筑服务并收讫销售款项或者取得索取销售款项凭据的当天；先开具发票的，为开具发票的当天。扣缴义务人扣缴义务发生时间与纳税义务发生时间相同。

收讫销售款项，是指纳税人提供建筑服务过程中或者完成后收到的款项。

取得索取销售款项凭据的当天，是指书面合同确定的付款日期；未签订书面合同或者书面合同未确定付款日期的，为建筑服务完成的当天。

纳税人提供建筑服务采取预收款方式的，其纳税义务发生时间为收到预收款的当天。

（二）纳税地点

（1）销售建筑服务的纳税人若是固定业户，应向其机构所在地或者居住地主管税务机关申报纳税。总机构和分支机构不在同一县（市）的，应当分别向各自所在地的主管税务机关申报纳税；经财政部和国家税务总局或者其授权的财政和税务机关批准，可以由总机构汇总后向总机构所在地主管税务机关申报纳税。

（2）非固定业户应当向应税行为发生地主管税务机关申报纳税；未申报纳税的，由其机构所在地或者居住地主管税务机关补征税款。

（3）其他个人提供建筑服务，应向建筑服务发生地主管税务机关申报纳税。

（4）扣缴义务人应当向其机构所在地或者居住地主管税务机关申报缴纳扣缴的税款。

（三）“营改增”过渡政策

（1）试点纳税人发生应税行为，按照国家有关营业税政策规定差额征收营业税的，因取得的全部价款和价外费用不足以抵减允许扣除项目金额，截至纳入“营改增”试点之日前尚未扣除的部分，不得在计算试点纳税人增值税应税销售额时抵减，应当向原主管地税机关申请退还营业税。

（2）“营改增”试点之日前已缴纳营业税，“营改增”试点后因发生退款减除营业额的，应当向原主管地税机关申请退还营业税。

（3）试点纳税人纳入“营改增”试点之日前发生的应税行为，因税收检查等原因需要补缴税款的，应按照营业税政策规定补缴营业税。

纳税人跨县（市、区）提供建筑服务增值税如何缴纳？

国家税务总局公告2016年第17号规定，单位和个体工商户（不包括其他个人）在其机构所在地以外的县（市、区）提供建筑服务，应按照财税〔2016〕36号文件规定的纳税义务发生时间和计税方法，向建筑服务发生地主管国税机关预缴税款，向机构所在地主管国税机关申报纳税。

纳税人跨县（市、区）提供建筑服务，按照以下公式计算应预缴税款：

适用一般计税方法计税的，应预缴税款为：(全部价款和价外费用－支付的分包款）÷（1＋11%）×2%

【案例 8-2】A 省某建筑公司在 B 省分别提供了两项建筑服务（适用一般计税方法），2016 年 5 月，项目 1 当月取得建筑服务收入 555 万元，支付分包款 1555 万元（取得了增值税专用发票）。项目 2 当月取得建筑服务收入 1665 万元，支付分包款 555 万元（取得了增值税专用发票），该项目公司应如何预缴税款?

案例分析：

该建筑公司应当在 B 省就两项建筑服务收入分别计算缴纳税款：

（1）项目 1 由于当月收入 555 万元，扣除当月分包款支出 1555 万元后为负数，因此，项目 1 当月计算的预缴税款为 0，且剩余的 1000 万元可结转下次预缴税款时继续扣除。

（2）项目 2 当月收入 1665 万元，扣除分包款支出 555 万元后剩余 1110 万元，因此，应以 1110 万元为计算依据计算预缴税款。

应预缴税款为：

(1665−555)÷(1＋11%)×2%＝20(万元)

适用简易计税方法计税的，应预缴税款为：

(全部价款和价外费用－支付的分包款)÷(1＋3%)×3%

小规模纳税人不能自行开具增值税发票，可申请税务局代开增值税专用发票。

纳税人应按照工程项目分别计算应预缴税款，分别预缴。

纳税人跨县（市、区）提供建筑服务，向建筑服务发生地主管国税机关预缴的增值税税款，可以在当期增值税应纳税额中抵减，抵减不完的，结转下期继续抵减。

纳税人以预缴税款抵减应纳税额，应以完税凭证作为合法有效凭证。

对跨县（市、区）提供的建筑服务，纳税人应自行建立预缴税款台账，区分不同县（市、区）和项目逐笔登记全部收入、支付的分包款、已扣除的分包款、扣除分包款的发票号码、已预缴税款以及预缴税款的完税凭证号码等相关内容，留存备查。

一般纳税人跨省（自治区、直辖市或者计划单列市）提供建筑服务，在机构所在地申报纳税时，计算的应纳税额小于已预缴税额，且差额较大的，由国家税务总局通知不动产所在地省级税务机关，在一定时期内暂停预缴增值

《外管证》应该如何开具？

（1）现在到外地还需要开具《外管证》吗？

纳税人跨省税务机关管辖区域经营的，应开具“外管证”；在省税务机关管辖区域内跨县（市）经营的，是否开具“外管证”由省税务机关自行确定。

（2）申请开具《外管证》需要提供什么资料？

一般情况下，纳税人办理《外管证》时只需提供税务登记证件副本或者加盖纳税人印章的副本首页复印件；从事建筑安装的纳税人需另提供外出经营合同（原件或复印件，没有合同或合同内容不全的，提供外出经营活动情况说明）。

（3）建筑项目时间超过180天，《外管证》怎么办？

《外管证》有效期限一般不超过180天，但建筑安装行业纳税人项目合同期限超过180天的，按照合同期限确定有效期限。

六、税收优惠

（1）个人销售建筑服务的销售额未达到增值税起征点的，免征增值税；达到起征点的，全额计算缴纳增值税。增值税起征点的规定不适用于登记为一般纳税人的个体工商户。增值税起征点幅度如下：

①按期纳税的，为月销售额5000～20 000元（含本数）；

②按次纳税的，为每次（日）销售额300～500元（含本数）。

（2）对增值税小规模纳税人中月销售额未达到2万元的企业或非企业性单位，免征增值税。2017年12月31日前，对月销售额2万元（含本数）至3万元的增值税小规模纳税人，免征增值税。

（3）境内的单位和个人销售的跨境应税建筑服务免征增值税，但财政部和国家税务总局规定适用增值税零税率的除外。跨境应税建设服务是指：

①工程项目在境外的建筑服务；

②工程项目在境外的工程监理服务；

③工程、矿产资源在境外的工程勘察勘探服务。

第九章　建筑业纳税案例评析

一、纳税人的选择

（一）建筑业增值税纳税人

【案例 9-1】"营改增"试点纳税人办理税务登记

宜昌市坤发建筑有限责任公司于 1997 年 9 月 10 日在湖北宜昌注册成立，公司主要经营建筑工程施工、建筑装饰材料、化工产品、五金交电、日用百货销售，注册资本 700 万元人民币。这些年来，公司飞速发展，年销售额已远超 500 万元。在 2016 年 5 月 1 日后该公司将纳入营业税改征增值税试点范围，由于其之前已办理过税务登记，所以无须重新申领登记证件，经其主管税务机关核定后，将自动成为增值税一般纳税人。

案例分析：

根据《宜昌市"营改增"试点纳税人办税服务告知书》的规定，已办理税务登记（包括临时登记）的纳税人，无须重新申领登记证件。各主管国税机关将在 4 月 20 日前与纳税人联系，逐户核实是否纳入试点范围。因此，已办理税务登记的宜昌市坤发建筑有限责任公司无须重新申领登记证件。

（二）一般纳税人和小规模纳税人

【案例 9-2】一般纳税人身份和小规模纳税人身份认定

A建筑公司成立于2005年，主要工作是从事建筑产品的设计、施工及装修业务。2015年5月至2016年4月，A公司的营业额为560万元，那么A建筑公司在“营改增”后的应税金融服务的年销售额为505万元（相当于560÷1.11），超过“营改增”后一般纳税人应税服务年销售额的判定标准。因此自2016年5月起，A建筑公司将登记成为一般纳税人，按照一般纳税人计税方法计税。

B公司为某县小型建筑公司，成立于2002年，“营改增”之前为营业税纳税人。其年营业额从未超过300万元，那么“营改增”全国试点之后，B公司将成为建筑业小规模纳税人，按照简易计税方法计缴增值税。

案例分析：

财税〔2016〕36号规定，“营改增”后应税服务的年应征增值税销售额达到500万元（含）的纳税人为一般纳税人，否则为小规模纳税人，其中的销售额为不含税销售额。因此可知A公司将成为建筑业增值税一般纳税人，B公司将成为建筑业小规模纳税人。另外，如果B公司会计核算健全，即使销售额没有达到税法认定的标准，也可以申请成为增值税一般纳税人。

二、一般纳税人的纳税处理

【案例9-3】一般纳税人纳税实例

HY建筑安装公司成立于2001年8月，具备建设部核准的房屋建筑工程总承包二级资质。公司注册资金5000万元。现有职工758人,其中工程技术及经济管理人员134人,高级工程师8人,一级项目经理4人,二级项目经理2人,是集建筑主体、结构施工、装饰装修为一体的施工股份制企业。建筑业“营改增”后,HY公司被认定为增值税一般纳税人。

2017年10月1日,HY建筑公司承建了甲房地产开发公司的“X住宅小区项目”并签订了合同。合同约定工程总价款为5亿元,2017年底经测算,项目完工比约为30%,2017年底HY公司从甲公司收到17 000万元账款(不含税),并开具增值税专用发票给对方。“X住宅小区项目”2017年发生项目成本14 000万元,其中人工费4500万元、材料费8000万元、设备使用费800万元、其他直接费用为400万元、间接费为300万元。

人工费4500万元中,直接列支成本的工人工资为80万元,未能提供增值税专用发票不能抵扣;与具有分包资质的企业签订合同,能提供增值税专用发票的劳务费的累计结算工程款为3600万元;剩余的820万元是与个人签订的劳务分包合同,不能提供增值税专用发票。

材料费8000万元中,地材砂石料1200万元都是与当地个人签订的合同,不能提供增值税专用发票;另外五金材料、劳保用品、安全发货用品、周转材料等1800万元从小规模纳税人处购得,只能提供普通发票;钢材等材料取得可抵扣的增值税发票金额为5000万元。

机械使用费800万元中,分包出去的费用300万元不能提供增值税专用发票。剩余为全部外租机械500万元，可以提供增值税专用发票。

其他直接费用400万元中，只有施工电费120万元取得了增值税专用发票。

间接费300万元，包括职工工资、办公费、差旅费、职工五险一金等均取得的是普通发票。

案例分析：

按照建筑业增值税纳税义务发生时间的规定，HY公司应该就收到的17 000万元计算销项税额，即销项税额为：

17 000×11%=1870（万元）

借：银行存款　　188 700 000

　贷：主营业务收入　　170 000 000

　　应交税费——应交增值税（销项税额）18 700 000

人工费用中，可以扣除的进项税额为：3600×11%=396（万元），其他的由于不能获得增值税专用发票，也就不能抵扣进项税额。

借：主营业务成本　　45 000 000

　应交税费——应交增值税（进项税额）3 960 000

　贷：银行存款　　48 960 000

材料费用中，可以扣除的进项税额为：5000×17%=850（万元），从个人和小规模纳税人处购得的材料没有可以抵扣的进项税额。

借：主营业务成本　　800 000 000

应交税费——应交增值税（进项税额）8 500 000

贷：银行存款 808 500 000

机械费用中，可以抵扣的进项税额为：500×6%=30（万元）。分包出去的费用 300 万元因不能提供增值税专用发票，也不可以抵扣进项。

借：主营业务成本 8 000 000

应交税费——应交增值税（进项税额）300 000

贷：银行存款 8 300 000

其他直接费用中，可以抵扣的进项税额为：120×17%=20.4（万元）。

借：主营业务成本 4 000 000

应交税费——应交增值税（进项税额）204 000

贷：银行存款 4 204 000

间接费用中没有可以抵扣的进项税额。

所以就“X 住宅小区项目”，HY 建筑公司 2017 年应该缴纳的增值税为：1870－396－850－30－20.4=573.6（万元）。

案例分析：

本例中，该建筑企业 2017 年底收到合同款 17 000 万元，而其完工比例只有 30%，相当于有 2000 万元为预收款项，按照建筑业增值税纳税义务发生时间的规定，提供建筑服务采取预收款方式的，其纳税义务发生时间为收到预收款的当天。所以要以 17 000 万元全额计算销项税额，可以看出预收 2000 万元使得增值税纳税义务发生时间提前，不利于企业降低税负。

该企业发生的各种成本费用中，只有取得增值税专用发票的部分才能作为进项抵扣，而没有取得增值税专用发票的部分则不能做进项抵扣。

【案例 9-4】小规模纳税人纳税实例

某建筑企业主营建筑工程施工业务，2016 年 5 月 1 日“营改增”试点之后被认定为增值税小规模纳税人。2017 年该建筑企业承包一项工程，工程总造价 300 万元（含税），该企业将该工程总造价的 1/3 外包，支付分包款 100 万元（含税），2017 年该企业还购买了一台建筑施工用固定资产，价格为 50 万元，并取得了增值税专用发票。2017 年末工程完工并完成结算。

则该建筑企业 2017 年应交增值税为：

（300−100）÷（1 + 3%）×3%=5.83（万元）。

案例分析：

本例中，该建筑企业为小规模纳税人，其应以取得的全部价款和价外费用扣除支付的分包款后的余额为销售额计算缴纳增值税。作为小规模纳税人，即使取得了增值税专用发票，也不能从应纳税额中抵扣。

第十章　建筑业税务风险提示

一、税务风险

建筑业“营改增”以后，应加强税务管理，重点防范以下税务风险。

1. 供应商选择问题

建筑施工企业涉及的上游企业，小规模纳税人数目众多，他们不能提供增值税专用发票，所以无法用小规模企业提供的普通发票实现增值税抵扣。另外，建筑施工企业需要购买的砖、瓦、灰、沙、石等材料，很多都由农民经营，而且季节性特强，紧俏时，货主要求现场现金交易，也不可能提供增值税专用发票。另外很大一部分砖、瓦、灰、沙、石经销方的收入由税务局按 6% 核定征收，所以这部分经销方无法向建筑施工企业提供增值税专用发票，这样建筑施工企业亦无法实现进项税额抵扣。即使可以申请税务机关代开增值税专用发票，但也需要花费时间和成本。

2. 分包商选择问题

建筑行业内普遍存在工程分包现象，也就是建筑施工企业会把工程项目的一部分外包给其他企业。工程分包包括专业分包和劳务分包。

专业分包是指建筑工程总承包单位根据总承包合同的约定或者经建设单位的允许，将承包工程中除主体结构工程外的部分工程发包给具有相应专业资质的分包单位的行为[①]。"营改增"之后，虽然一般来说专业分包的分包商能够提供增值税专用发票，发包方可以据此按11%的税率抵扣进项税额，但仍然存在以下税务风险：一是分包结算滞后，导致进项税额抵扣不及时；二是由于专用分包中总承包单位将大量材料、设备等一并分包给分包商，只能取得11%的进项税额，而直接购买的话，将能够抵扣17%的进项税额，因此会导致建筑施工企业可抵扣进项变少。

劳务分包是指施工总承包单位、专业承包单位将承包工程中的建筑劳务作业发包给具有劳务分包资质的建筑劳务企业的活动。劳务分包中存在的税务风险也主要是结算滞后，进项税额不能得到及时抵扣。

3. 纳税义务发生时间问题

财税〔2016〕36号文规定，建筑业企业纳税义务发生时间为发生应税行为并收讫销售款项或者取得索取销售款项凭据的当天；先开具发票的，为开具发票的当天。若采用预收款方式，则纳税义务发生时间为收到预收款的当天。所以，建筑业企业应注意这个问题，尽量不预收款项，不提前开具

① 王梅."营改增"对国有建筑企业的影响及对策研究[D]. 西南交通大学，2015.

发票，推迟纳税义务发生时间。若采用了预收款方式，也要及时申请纳税，防止因为没有及时申请纳税而带来缴纳罚款和滞纳金的风险。

4. 兼营问题

试点纳税人销售货物、加工修理修配劳务、服务、无形资产或者不动产适用不同税率或者征收率的，应当分别核算使用不同税率或者征收率的销售额，未分别核算销售额的，按照以下方法适用税率或者征收率。

（1）兼有不同税率的销售货物、加工修理修配劳务、服务、无形资产或者不动产，从高适用税率。

（2）兼有不同征收率的销售货物、加工修理修配劳务、服务、无形资产或者不动产，从高适用征收率。

（3）兼有不同税率和征收率的销售货物、加工修理修配劳务、服务、无形资产或者不动产，从高适用税率。

适用一般计税方法的建筑业纳税人，兼营简易计税方法项目、减税项目、免税项目的，应当分别核算其销售额，未分别核算的，不得适用简易计税方法、减税、免税。

因此，建筑业企业应该注意这些项目的核算问题，避免因为没有单独核算而带来增值税税负的增加。

5. 会计核算问题

“营改增”对建筑企业的账务处理提出了新的要求，增值税价外税的特征需要增加多个会计科目，并且需要进行价税分离，核算难度加大，无形中增加了税务会计操作的风险。

6. 增值税专用发票管理问题

“营改增”之前，建筑企业以合同标明的收入全额缴纳营业税，对货物的来源把控并不严格，存在较多的票据不规范和白条的问题，这是一项不容回避的事实。全面推行增值税后，面对“以票控税”的增值税，建筑施工企业对于增值税专用发票的使用和开具，需要更加审慎。

（1）时间管理

增值税专用发票、海关进口增值税专用缴款书、运输发票都有必须在发票开具之日起 180 天内认证、抵扣的时限规定。财务部门与采购、管理部门应密切配合，如果供应商提供的增值税发票不能及时提交给财务人员，就会导致进项税额不能及时抵扣或超期无法抵扣，如不能及时抵扣，公司提前交纳税款就会影响公司的现金流，占用资金，损失货币时间价值。特别是超期无法抵扣时，不能抵扣的进项税额也会列入成本，出现增值税多缴的同时利润总额也有所下降的现象，给企业造成损失。

但是，对增值税一般纳税人发生真实交易，但由于客观原因造成增值税扣税凭证逾期的发票，根据国家税务总局公告 2011 年第 50 号规定，经主管税务机关审核、逐级上报，由国家税务总局认证、稽核比对后，比对相符的增值税扣税凭证，允许纳税人继续抵扣其进项税额。

（2）发票规范管理

“营改增”后，企业要根据经济行为据实开具增值税专用发票。若没有经济行为，而虚开发票，帮助取得方逃税，触犯刑法者，后果严重。

《刑法》规定，虚开增值税专用发票，处三年以下有期徒刑或者拘役，并处二万元以上二十万元以下罚金；虚开的税款数额较大或者有其他严重情节的，处三年以上十年以下有期徒刑，并处五万元以上五十万元以下罚金；虚开的税款数额巨大或者有其他特别严重情节的，处十年以上有期徒刑或者无期徒刑，并处五万元以上五十万元以下罚金或者没收财产。

根据国家税务总局《关于纳税人虚开增值税专用发票征补税款问题的公告》（国家税务总局公告 2012 年第 33 号）文件的规定，纳税人虚开增值税专用发票，需要就其虚开金额申报并缴纳增值税。税务机关对纳税人虚开增值税专用发票的行为，还要按《税收征收管理法》、《增值税专用发票使用规定》及《发票管理办法》的有关规定给予处罚。相对于普通发票而言，虚开增值税专用发票的后果更加严重，可能要受到补税、罚款、禁止领用开具专用发票甚至被判刑的严厉惩罚。

在增值税专用发票的取得方面，主要是一些纳税人有意或者无意取得了虚开的增值税专用发票。根据《刑法》和《关于纳税人善意取得虚开的增值税专用发票处理问题的通知》（国税发〔2000〕187 号）、《关于纳税人取得虚开的增值税专用发票处理问题的通知》（国税发〔1997〕134 号）、《关于〈国家税务总局关于纳税人取得虚开的增值税专用发票处理问题的通知＞的补充通知》（国税发〔2000〕182号）中对取得虚开发票的有关规定，如果纳税人是恶意取得虚开的增值税专用发票，不仅不能够抵扣取得的进项税额，而且还要受到罚款，甚至承担刑事责任。即使是由于购进货物或者劳务时把关不严，而善意取得了虚开的增值税专用发票，纳税人虽然不必承担刑事责任，但取得的进项税额也不允许抵扣，而且需要补缴税款和加收滞纳金，这也会给纳税人造成很大的经济损失。

因此，纳税人要提高对增值税专用发票重要性的认识，一方面在内控机制上要加强对增值税专用发票的严格管理，杜绝虚开发票情况的发生；另一方面在取得增值税发票的时候要提高防范意识，严格审查发票的真伪、货物来源、发票来源的合法性、销货方的纳税人资格等，对存在疑点的发票，一定要暂缓付款和暂缓申报抵扣其中的进项税金，待查证落实后再做处理，以防范涉税风险。

【注释】什么是虚开发票？

除了发票本身是假的，即便是真票，但如果是以下情形，也为虚开：

（1）为他人、为自己开具与实际经营业务情况不符的发票；

（2）让他人、为自己开具与实际经营业务情况不符的发票；

（3）介绍他人、开具与实际经营业务情况不符的发票。

二、风险应对策略

1. 加强供应商管理

"营改增"之后，建筑施工企业应加强供应商管理，建筑施工企业可以选择如下方法对供应商进行管理：首先，对供应商进行分类，主要分为能够提供增值税专用发票的一般纳税人供应商、能提供税务局代开增值税专用发票的小规模纳税人供应商、不能提供税务局代开增值税专用发票的小规模纳税人供应商。在采购成本相同的情况下，尽量选择一般纳税人供应商，因为这些供应商可以及时提供增值税专用发票，使进项及时得到抵扣；在采购成本不同的情况下，则要通过计算，比较究竟选择哪一个供应商可以使综合成本最低。

2. 加强分包商管理

首先，应加强分包商结算管理，应在合同中做出明确规定，确保付款时或者付款之前就能取得增值税专用发票。其次，在确定分包合同价款时，应该考虑材料设备问题。分包商购买材料设备的进项是17%，而其销项却是11%，因此"营改增"后，分包商的成本会有所降低，总包商应在谈判中抓住这一点，适当压低合同价款。

3. 加强项目核算管理

建筑施工企业应对适用不同税率和征收率的项目单独核算，比如建筑施工企业如果有可以适用简易计税方法的工程项目，则应对其进项单独核算，否则只能按一般计税方法计税，利用销项税额－进项税额计算应交增值税，而这些项目的可抵扣进项税额通常较少，从而会在一定程度上加重企业的税收负担；企业如果有免税项目，也应该单独核算，否则要按正常项目计征增值税。

此外，建筑业企业涉及的兼营行为，也要分别核算。

目前建筑业的劳务结算方式对“营改增”后建筑施工企业有何影响？

目前，建筑施工企业对劳务分包单位的结算方式主要有两种形式：(1) 采取对方开具工程发票的形式；(2) 采取代发工资形式，由项目部直接向劳务分包商的员工发放，劳务分包商不再开具发票给建筑施工企业。

对于以开具发票形式结算的，会有“营改增”之后劳务定价问题。在征收营业税时，不存在进项税额的抵扣问题，建筑施工企业只要能够取得合法的票据入账，在企业所得税前正常抵扣即可。但是在“营改增”之后，施工企业想要进行进项税额抵扣，就必须取得可抵扣的劳务分包方开具的增值税专用发票，可能会带来劳务分包商纳税人资格变化后税率提高进而可能引起价格提高的风险。

以代发工资方式结算的，实行“营改增”之后，建筑施工企业无法取得相应的可抵扣的增值税专用发票，将导致建筑施工企业税负增加。

4. 重视发票管理工作

企业应重视增值税专用发票管理工作，督促财税人员加强增值税专用发票管理。建筑施工企业会产生大量的增值税专用发票，财税人员应及时汇总整理其中的销项税额和进项税额，并及时到税务机关认证，确保进项税额及时得到抵扣，及时缴纳应交税款。

建筑行业的“三个统一”原则

建筑行业有三个统一原则，即“三证统一”、“三流统一”和“三价统一”。企业在涉税实务中,务必注意。

“三证统一”指法律凭证（合同、协议、制度、银行收付款凭证、运输单、保险单、法院判决书、各种鉴证报告、评估报告和各类文件）、会计凭证（记账凭证、自制原始凭证、外来原始凭证、会计报表）、税务凭证（发票、完税凭证、免税证明、不征税证明）相互统一。

“三价统一”指符合民法规定、具有法律效力的合同或协议上注明的价格、发票上填写的金额和结算价格都必须是相等的。

“三流统一”指资金流（银行的收付款凭证）、票流（发票的开票人和收票人）和物流（劳务流）相互统一。不仅收款方、开票方和货物销售方或劳务提供方必须是同一个经济主体，而且付款方、货物采购方或劳务接受方也必须是同一个经济主体。

“三流”不一致，往往会出现虚开发票的现象，大致有以下几种。

1. 材料采购中资金流不一致的虚开情形

建筑企业在采购建筑材料过程中，材料供应商将材料直接发至建筑企业，并开具增值税专用发票给建筑企业。但是，建筑企业由于资金缺乏而不能直接付款，便由发包方将材料价款直接支付给材料供应商。

【注释】在这种情况下，建筑方可以采取委托付款或者融资偿还等方式取得材料。

2. 材料采购中实物流不一致的虚开情形

建筑企业在材料采购过程中，供应商很多时候从经济角度出发，会选择从第三方直接发货，这就造成实物流的不一致性，涉嫌虚开增值税专用发票。

【注释】此时，供应商可以提供原材料采购合同等资料以证明从第三方发货的正当性。

3. 挂靠行为中的虚开情形

税法并不禁止挂靠行为。以被挂靠人名义对外经营并由被挂靠人承担责任的，被挂靠人为纳税义务人。反之，挂靠人为纳税义务人。挂靠行为开具增值税专用发票时，票据流、资金流指向被挂靠方，但是物流指向挂靠方。三流不一致，会导致虚开增值税专用发票行为的发生，给各方造成巨大的涉税风险。

【注释】建筑企业可以转挂靠变分包，合理转化税务风险。

4. 以分包为名的虚开情形

符合建筑法律规定的分包行为不会导致虚开增值税发票行为。但是，违反建筑法律规定的分包行为往往只是分包的名义，实际上与挂靠行为别无二致。此类行为将导致虚开增值税专用发票。

【注释】建筑企业应依法签订明确的分包合同。

5. 虚列成本的虚开情形

营业税制下，挂靠方、分包方往往以虚开营业税发票的形式，虚增成本以逃避缴纳所得税。“营改增”之后，虽然三流流向一致，但因为票面金额与实际不符，也涉嫌虚开增值税专用发票。

5. 规范合同评审和签订流程

为了保证增值税进项税额的顺利抵扣，建筑业企业应规范合同的评审和签订流程，明确固定合同价款是否含税；同时，要规范合同签订的主体，要保持合同签订主体名称的一致性，要以总公司名义签订合同，不能以项目组名义对外签订合同，否则在增值税抵扣过程中会产生问题，带来不必要的麻烦。

第十一章　建筑业税收筹划点睛

一、纳税人身份的税收筹划

增值税纳税人分为一般纳税人和小规模纳税人，纳税人身份的选择对建筑施工企业的发展至关重要。增值税对不同身份的纳税人，它的征收和管理办法完全不同，从而造成企业所交的最终税负悬殊很大。划分这两者身份的关键，就是要对比企业的增值税的税负率与征收率的关系，从而选择相应的纳税人身份。如果税负率高于征收率，自然选择小规模纳税人比较划算；如果税负率小于征收率，则选择一般纳税人身份比较划算。因此，税负测算十分重要。

比较简单实用的税负测算方法是：

税负率 =（销售额 × 税率 − 进项税额）÷ 销售额 ×100%

这个测算方法并不精确，没有进行价税分离，但一般这个因素影响税负率的效果较小，为了简化测算，完全可以用这种方法测算增值税税负率。

由上面的测算方法可以看出，建筑施工企业可以取得的可抵扣进项税额是影响其测算出的增值税税负率的主要因素。如果企业能够取得足够多的可以扣除的进项税额，使税负率低于征收率，那么就选择一般纳税人身份；如果不能，那么“营改增”后一般纳税人身份就会大大增加企业应纳税负担，此时，应选择小规模纳税人身份。增值税纳税人身份的选择对于那些收入处于身份划分边界的建筑施工企业非常适用。企业可以采用化整为零、公司分立等形式取得小规模纳税人资格，以适用3%的征收率，防止企业流转税负因“营改增”而上升。

从税收筹划的角度考虑，企业确实是要以上述标准来选择自己的纳税人身份。但从企业经营发展的角度考虑的话，就不光要考虑企业的税负率，还要考虑很多因素。比如，建筑施工企业在选择纳税人身份时，还要考虑自己的客户对象，考虑自己的经营市场定位，如果自己的服务不是销售给增值税一般纳税人，可以考虑选择小规模纳税人身份；如果自己的服务主要是销售给增值税一般纳税人，那么客户肯定更希望从增值税一般纳税人处购买服务，这时建筑施工企业就要选择一般纳税人身份，即使税负可能更高一些。

【案例11-1】一家以建筑业为主的小型建筑公司，并开设有一个零售建筑材料的小门店。“营改增”之前以缴纳营业税为主，零售部分按照小规模纳税人缴纳增值税。实施“营改增”之后，这个建筑公司是选择按照小规模纳税人纳税好呢，还是选择增值税一般纳税人好呢？

案例分析：

增值税一般纳税人判定标准是：从事货物生产或者提供

应税劳务的纳税人，以及以从事货物生产或者提供应税劳务为主，并兼营货物批发或者零售的纳税人销售收入 50 万元，货物批发或者零售的纳税人经营销售收入为 80 万元，应税服务收入为 500 万元。所以，如果该建筑业企业的应税服务超过 500 万元，那么它当然要登记为增值税一般纳税人。

如果其应税服务收入不超过 500 万元，此时才有筹划空间。企业要根据上面介绍的公式测算税负率，如果税负率低于 3% 的征收率，那么企业就要提高自身会计核算水平，以申请成为增值税一般纳税人。如果税负率高于 3% 的征收率，该建筑业企业就要选择小规模纳税人身份。

当然，企业决策时还需要考虑自身的客户需求等因素。

【案例 11-2】HY 建筑公司为增值税一般纳税人，在 A 地承建某项目，合同价款为 450 万元（不含税）。由于 A 地地处偏僻地区，建筑项目所需的许多材料都是在当地的小规模纳税人或者农民手中购买，无法取得增值税专用发票。预计只能产生 20 万元可以抵扣的进项税额。

案例分析：

若 HY 公司按照一般纳税人身份纳税，则在 A 地承建的该项目将产生的应交增值税为 450×11%-20=29.5（万元）。

而如果此时 HY 公司能够就该项目运用简易计税方法，那么应交增值税就变成 450×3%=13.5（万元），远小于按一般纳税人身份纳税的额度。

此时，HY 公司就可以通过在 A 地注册建筑公司承建该项目，便可以获得小规模纳税人身份带来的税负降低。

对于大型的建筑企业，更可以利用这种方法进行税收筹划。大型建筑企业可以组建有一般纳税人和小规模纳税人组成的企业集团。如果一个项目可以产生充分多的进项税额，则应让为一般纳税人的子公司负责该项目；相反，如果一个项目不能产生足够多的进项税额，则应让小规模纳税人负责该项目，这样可以有效降低企业集团的税收负担。

二、供应商选择的税收筹划

“营改增”之后，建筑施工企业应加强供应商管理。以往建筑施工企业为了材料的价格便宜，往往选择一些没有开具增值税发票的单位，通过这种方式降低采购成本。但是增值税实施以后，企业要转变观念，不能再以价格作为选择供应商的唯一标准，还要考虑对方能否开具增值税专用发票，要寻找价税合计最低的单位。

企业的原材料采购是企业的重要抵税项目，但目前我国部分建筑企业供应商管理机制不健全，企业的供应商体系之中有大量的中小型合作伙伴，他们一般是增值税小规模纳税人，无法开具增值税专用发票，即使可以申请税务机关代开增值税专用发票，也会带来相应的成本，给企业的增值税抵扣带来巨大的困难，引起“营改增”之后企业税负的增加。因此，建筑施工企业需要借助“营改增”的契机，强化企业的供应商体制建设，减少企业中小型供应商数量，加强与具有实力且信誉较好的大型供应商的合作，这样一方面可以有效降低企业的税负，另一方面，还可以提升企业的供应商管理效率，降低企业的采购成本。

【案例 11-3】HY 公司某项工程需购入某种材料 5 吨，材料的增值税税率为 17%,现在有两个供应商可以供 HY 公司选择：

A 企业为一般纳税人，报价为 400 元 / 吨（含税价），可以开具增值税专用发票。

B 企业为小规模纳税人，报价为 380 元 / 吨（含税价），不能开具增值税专用发票。

在其他情况相同的情况下，HY 公司应该如何选择呢？

案例分析：

如果在“营改增”前，从 A 企业购得材料成本为 400 元 / 吨，从 B 企业购得材料成本为 380 元 / 吨，在质量等其他条件相同的情况下，当然选择从 B 企业采购。

而“营改增”后，虽然从 A 企业采购材料价税合计为 400 元 / 吨，由于有进项税额可以抵扣，其实际成本为 400÷1.17=341.88（元 / 吨），低于 B 企业提供的价税合计为 380 元 / 吨的材料，在质量等其他条件相同的情况下，应选择从 A 企业采购。

三、固定资产购置的税收筹划

实行“营改增”后，原先按照营业税税目进行征税的企业可适用增值税进项税额抵扣政策抵扣采购固定资产的进项税额。一般来说，购进企业在出现大量增值税销项税额时购入，这样在固定资产购进过程中就可以实现进项税额的全额抵扣。否则，若在一段时期内，购进固定资产的进项税额大于该时期的销项税额，则购进固定资产就会出现一部分进项税额不能及时实现抵扣的现象，从而降低或延迟进项税额的抵扣。因此，企业必须对固定资产投资做出财务预算，合理规划投资活动的现金流量。

对于建筑业这种资金回笼慢的行业，出于对资金时间价值的考虑，长期的抵扣并不利。因此，建筑业企业自行购买的大型机械设备时机应这样选择：当一项施工项目要竣工时，在资金结算点时公司获取收入，大量资金回笼，这时会产生大量的销项税额，此时购买相应企业需要的机械设备可以对进项进行及时充分的抵扣，达到税收筹划的目的。

【案例 11-4】甲建筑企业为增值税一般纳税人，纳税期限是 1 个月。2017 年 4 月，其销项税额为 200 万元，除购置固定资产以外产生的进项税额为 149 万元；2017 年 5 月，其销项税额为 150 万元，除购置固定资产以外产生的进项税额为 150 万元。甲企业欲在 2017 年 4 月或 5 月购买一台价值 300（不含税价款）万元的设备来提高效率，购买当月即可投入使用，提高效率。企业应如何抉择？

案例分析：

如果选择 4 月购入固定资产，则 2017 年 4 月应纳增值税为 200－149－300×17%=0（万元），2017 年 5 月应纳增值税为 150－150＝0（万元）。

如果选择 5 月购入固定资产，则 2017 年 4 月应纳增值税为 200－149＝51（万元），2017 年 5 月应纳增值税为 150－150－300×17%＝－51（万元），即 5 月不交增值税，51 万元进项税额留待以后月份抵扣。

比较两种方案可知，应该选择 4 月份购入该设备，可以使进项税额得到及时抵扣。虽然 4 月购买比 5 月购买提前带来了 300 万元的现金流出，但同样也可以提前提高效率。所以，仍然是 4 月份购入符合税收筹划的目的。

四、合理签订总承包合同的税收筹划

EPC（Engineering Procurement Construction）指总承包合同，即设计、采购、施工合同，是一种包括设计、设备采购、施工、安装和调试，直至竣工移交的总承包模式。这种操作模式主要适用于那些专业性强、技术含量高、工艺及结构较为复杂、一次性投资较大的建设项目。

EPC 总承包模式是当前国际工程承包中一种被普遍采用的承包模式，也是在当前国内建筑市场中被我国政府和我国现行《建筑法》积极倡导、推广的一种承包模式。这种承包模式已经开始在包括房地产开发、大型市政基础设施建设等在内的国内建筑市场中被采用。根据《中华人民共和国建筑法》第二十四条，建筑工程的发包单位可以将建筑工程的勘察、设计、施工、设备采购一并发包给一个工程总承包单位，也可以将建筑工程勘察、设计、施工、设备采购的一项或者多项发包给一个工程总承包单位。EPC 合同谈判和签订阶段对于包发商及承包商来说至关重要，EPC 合同中的约定将决定双方日后合作项目的总体税负水平及涉税事项。因此，在 EPC 合同谈判和签订阶段，承包商应该尽可能规避税务风险，从而避免不必要的税收损失。

《住房城乡建设部办公厅关于做好建筑业“营改增”建设工程计价依据调整准备工作的通知》（建办标〔2016〕4 号）第二条规定：“工程造价 = 税前工程造价 ×（1 + 11%）。其中，11% 为建筑业增值税税率，税前工程造价为人工费、材料费、施工机具使用费、企业管理费、利润和规费之和，各费用项目均以不包含增值税可抵扣进项税额的价格计算。”

有以下几个公式：

税前建筑工程报价 = 不含增值税的材料设备费用＋不含增值税的施工机具使用费＋不含增值税的人工费用＋不含增值税的管理费用和规费＋合理利润

非 EPC 建筑工程报价 = 税前建筑工程报价＋税前建筑工程报价 ×11%

EPC 建筑工程报价 =（不含增值税的设计费用＋不含增值税的设备费用＋不含增值税的安装费用＋合理利润）＋不含增值税的设计费用 ×6% ＋不含增值税的设备费用 ×11% ＋不含增值税的安装费用 ×11%

【案例 11-5】A 公司为中国境内法人企业，B 公司为中国境内一家具备设计资质且有能力承建电厂的专业施工企业，且均为一般纳税人。

2016 年 7 月 A 公司与 B 公司签订了《EPC 总承包协议》。工程总承包范围为 ZJ 市生活垃圾填埋气发电项目工程的全部勘测、设计、设备和材料采购，建筑安装和电网接入系统工程施工直至竣工验收的相关工作。A 公司为工程发包人，B 公司为工程承包方。

根据《EPC 总承包协议》的约定，B 公司负责按 ZJ 市生活垃圾填埋气发电项目 EPC 总承包协议的约定，进行勘测设计、材料采购、设备采购、设备检验检测、建筑安装施工、材料检验检测、测试、并网安全评价、竣工投产、性能试验等所有工作，直至完成工程至正常并网发电。

总合同价款（不含增值税）为 1 亿元，有两种合同签订方法：一是 B 公司与 A 公司签订总承包合同，合同约定总价款为 1 亿元（不含增值税）；二是 B 公司与 A 公司签订总承包合同，合同中分别约定了勘测设计 1000 万元，材料采购和设备采购 6000 万元，设备检验检测 500 万元，建筑安装施工 2000 万元，材料检验检测、测试、并网安全评价等共 500 万元。假设不考虑发生的增值税进项税的抵扣和城市维护建设税及附加的情况，A 企业该如何进行税收筹划？

案例分析：

根据财税〔2016〕36 号文附件 2（《营业税改征增值税试

点有关事项的规定》）第一条第（一）项的规定，试点纳税人销售货物、加工修理修配劳务、服务、无形资产或者不动产适用不同税率或者征收率的，应当分别核算适用不同税率或者征收率的销售额，未分别核算销售额的，应当合并销售额从高使用税率或征收率。

本案例中，B 公司提供的勘察设计服务、设备检验检测、材料检验检测、测试、并网安全评价等服务，按照现代服务业的研发和技术服务缴纳 6% 的增值税，其余项目按照建筑业税目以 11% 税率缴纳增值税。

按第一种方式签订合同，B 公司销项税额 =10000×11%=1100（万元）

按第二种方式签订合同，B 公司销项税额 =1000×6% +（6000 + 2000）×11% +（500 + 500）×6%=60 + 880 + 60=1000（万元）

可见，按第二种方式，B 公司可节约增值税 100 万元。

五、劳务派遣的税收筹划

随着中国劳动力价格的不断攀升，建筑行业用工成本越来越大，人工成本又无法抵扣进项税额，“营改增”后很难得到足够的进项税额，容易导致建筑业企业税负加重。不过，“营改增”以后，建筑企业可以考虑接受劳务派遣公司提供的用工，这一部分价款可以按照 6% 的税率抵扣进项税额，这样可以抵扣一部分人工费用。不过，目前国家对于劳务派遣的限制比较多，人力资源和社会保障部颁布的《劳务派遣暂行规定》和《中华人民共和国劳动合同法》对于劳务派遣的具体规定如下：

“用工单位只能在临时性、辅助性或者替代性的工作岗位上使用被派遣劳动者。临时性工作岗位是指存续时间不超过 6 个月的岗位，辅助性工作岗位是指为主营业务岗位提供服务的非主营业务岗位，替代性工作岗位是指用工单位的劳动者因脱产学习、休假等原因无法工作的一定期间内，可以由其他劳动者替代工作的岗位。”

同时，“用工单位应当严格控制劳务派遣用工数量，使用的被派遣劳动者数量不得超过其用工总量的 10%”。

企业在接受劳务派遣公司提供的劳务派遣服务时，参照《国家税务总局关于企业工资薪金和职工福利费等支出税前扣除问题的公告》（国家税务总局公告 2015 年第 34 号）第三条规定：“企业接受外部劳务派遣用工所实际发生的费用，应分两种情况按规定在税前扣除：按照协议（合同）约定直接支付给劳务派遣公司的费用，应作为劳务费支出；直接支付给员工个人的费用，应作为工资薪金支出和职工福利费支出。其中属于工资薪金支出的费用，准予计入企业工资薪金总额的基数，作为计算其他各项相关费用扣除的依据。”注意该条中的“各项相关费用”是指工会经费、教育经费和职工福利费用。“直接支付给员工个人的费用”是指用人单位将工资、社会保险和福利费用直接支付给被派遣劳动者，而不是支付给劳务派遣公司，由劳务派遣公司支付给被派遣劳动者。

“营改增”后，建筑行业的劳务派遣行为将更加普遍。建筑业企业可以考虑在国家法律规定范围内，适当增加劳务派遣用工人数。此外，有条件的建筑公司，还可以选择合理划分业务部门，单独成立劳务公司，这样既能实现集团内部交易，降低企业成本，还能打通内部增值税抵扣链条，降低企业税负。

【注释】劳务派遣和劳务外包的区别。

1. 适用的法律不同，劳务派遣适用劳动合同法，劳务外包适用合同法。

2. 劳务外包可以是个人，也可以是法人或其他实体；劳务派遣单位必须是严格按照劳动合同法规定设立的法人实体。

3. 劳动者管理的责任主体不同。发包企业对劳务外包单位的员工不进行直接管理，其工作形式和工作时间由劳务外包单位自己安排确定；劳务派遣单位的员工必须按照用工单位确定的工作形式和工作时间进行劳动。

4. 劳务外包一般按照事先确定的劳务单价根据劳务外包单位完成的工作量结算，劳务外包下，发包方买的是“劳务”；而劳务派遣下，用工单位买的是“劳动力”。

5. 违法的后果不同。劳务外包适用《合同法》，发包单位与承包单位之间按双方合同承担权利义务，发包单位对承包单位的员工基本上不承担责任；劳务派遣中，给被派遣劳动者造成损害的，劳务派遣单位与用工单位按《劳动合同法》

承担连带赔偿责任。

6. 会计处理不同。在劳务外包活动中，承包人在发包人支付的外包费用中向从事劳务外包工作的劳动者支付劳动报酬，劳务外包费用不纳入发包人的工资总额；在劳务派遣中，劳务派遣人员工资总额纳入用工单位工资总额的统计范围，具体包括用工单位负担的基本工资、加班工资、绩效工资以及各种津贴、补贴等，但不包括因使用劳务派遣人员而支付的管理费用和其他用工成本。

六、“甲供材”的税收筹划

增值税一般纳税人也可以在特定情况下根据国家优惠政策，选择使用简易计税方法，若能选择得当，可以大大降低企业税负。建筑业中，全部或部分设备、材料、动力由工程发包方自行采购的建筑工程，称为“甲供工程”或“甲供材”。财税〔2016〕36 号文件规定，“营改增”后，“甲供工程”中建筑方可以选择增值税一般计税方法，也可以选择简易计税方法。针对建筑业中存在的“甲供材”的施工方式，在合理测算税负临界点后，也存在着筹划空间。

1. “甲供材”的政策规定

第一，不分新老项目，不论供应比例，合同或者招标文件只要有甲供条款，工程承包方均可选用简易计税方法。

第二，甲供的对象既包括设备、材料，也包括动力。

第三，工程发包方既包括通常为房地产企业的建设方，也包括通常为施工企业的总包方。

2. 甲供工程的类型

（1）差额模式

发包方在合同中约定材料、设备、动力由发包方采购，结算时承包方经营额不包括材料、设备、动力价款，即承包方的承包范围和产值收入均不含甲供部分。

【案例 11-6】某房地产开发商 A 与施工企业 B 在总承包合同中约定，总承包合同价款为 8000 万元，价款中不包括工程所需的 4000 万元钢材，所需钢材由 A 采购后交 B 用于本工程，钢材对应的工程款计量、支付及最终结算均与 B 无关。

（2）总额模式

发包方在合同中约定，相应材料、设备、动力属于承包方承包范围，但由发包方负责采购，供应商将发票开给发包方，然后将相应材料交由承包方使用，结算时承包方经营额包括此部分材料、设备、动力价款，即承包方的承包范围和产值收入均包含甲供工程部分。

【案例 11-7】某房地产开发商 A 与施工企业 B 在总承包合同中约定，总承包合同价款为 12 000 万元，其中钢材价款 4000 万元，钢材由 A 采购后交 B 用于本工程，用以抵扣企业 A 欠施工企业 B 的工程款，其余 8000 万元由 A 以货币资金形式支付给 B。

3. 甲供工程的税务处理

第一，甲供材不作为建筑业税基，针对的是差额甲供模式。换言之，增值税改进了营业税的不合理规定，明确在差额甲供模式下，建筑施工企业的销售额不包括甲供部分，仅就合同承包范围计交增值税，开具增值税发票。案例11-6中，施工企业B只就4000万元部分缴纳增值税，向A开具4000万元的增值税发票。

第二，总额甲供模式下，施工企业的销售额应包括甲供部分，在此模式下，甲供材料相当于甲方以材料抵顶所欠施工企业工程款，甲乙双方的甲供业务均可细分为两笔：一是甲方销售材料，应当按适用税率计交增值税，并向乙方开具增值税发票，乙方采购材料，取得增值税发票；二是甲方支付乙方工程款，乙方收取工程款，乙方应就此部分按适用税率或征收率计交增值税，并向甲方开具增值税发票。案例11-7中，施工企业B应就12 000万元向A开具增值税发票，其中的4000万元钢材款，企业A应按照17%计交增值税，同时向B企业开具增值税发票。

【案例11-8】甲建筑公司为增值税一般纳税人。2017年，甲建筑公司中标乙单位写字楼工程，工程标的为2000万元，其中含电梯设备采购价款400万元该电梯设备由乙单位自行购买。甲公司预计该项目将产生120万元的进项税额，该企业应如何进行税收筹划？

案例分析：

按照一般计税方法，甲建筑公司就该项目应交增值税为：2000×11%－120＝100（万元）

而该项目是税务机关认可的甲供材项目，如果使用简易计税方法，则应交增值税为：2000×3%=30（万元）

因此，甲建筑公司应对该项目进行单独核算，申请采用简易计税方法，即可达到税收筹划的目的。

【案例 11-9】A 企业委托 HY 公司承建一公园项目，工程总承包合同造价为 1000 万元，材料部分为 600 万元，其中 A 企业提供材料价值为 400 万元（A 企业购买后未加价），HY 公司采购材料价值为 200 万元；安装部分为 400 万元。HY 将其中 100 万元的机电安装工作分包给 B 公司（以上价格均为含税价，购买材料均取得 17% 的增值税专用发票）。

在这种情况下，HY 公司该如何选择计税方法?

案例分析：

1. 一般计税方法

HY 公司接受 A 企业提供的材料，应当先开具购进材料的进项发票，按 17% 税率抵扣进项税，再根据工程总价 1000 万元开具建筑业服务发票，按 11% 计算销项税额。

应交增值税为：

1000×11%÷（1 + 11%）-[（400 + 200）×17%÷（1 + 17%）+ 100×11%÷（1 + 11%）] = 2.01（万元）

2. 简易计税方法下的应缴增值税

应交增值税为：

（1000-400-100）×3%÷（1 + 3%）=14.56（万元）

HY 公司选择一般计税方法计算增值税，比选择简易计税方法节省增值税金额为：

14.56－2.01＝12.55（万元）

再计算一下“甲供材”方式下，两种计税方法的临界点。

假设“甲供材”合同中约定的工程价税合计（不含甲方购买的材料和设备）为 A，则“甲供材”中建筑企业选择一般计税方法和简易计税方法下的增值税计算如下。

1. 一般计税方法下的应缴增值税

应缴增值税 $=A\times11\%\div(1+11\%)-$ 建筑企业采购材料物资的进项税额 $=A\times9.91\%-$ 建筑企业采购材料物资的进项税额

2. 简易计税办法下的应缴增值税

应缴增值税 $=A\times3\%\div(1+3\%)=A\times2.91\%$

3. 两种方法下税负相同的临界点

$A\times9.91\%-$ 建筑企业采购材料物资的进项税额 $=A\times2.91\%$

推导临界点：

建筑企业采购材料物资的进项税额 $=A\times7\%$

4. 由于在一般情况下，建筑企业采购材料物资的适用税率一般均是 17%，推导出临界点

建筑企业采购材料物资价税合计 $\times17\%\div(1+17\%)=A\times7\%$

5. 计算临界点

建筑企业采购材料物资价税合计 =A×48.18%

结论：“甲供材”模式下，建筑企业选择按一般计税方法或者简易计税方法的临界点：

建筑企业采购材料物资价税合计 =48.18%×“甲供材”合同中约定的工程价税合计（不含甲方提供）

（1）建筑企业采购材料物资价税合计大于 48.18%×“甲供材”合同中约定的工程价税合计（不含甲方提供），则选择一般计税方法有利；

（2）建筑企业采购材料物资价税合计小于 48.18%×“甲供材”合同中约定的工程价税合计（不含甲方提供），则选择简易计税方法有利。

因此，企业应当正确运用“甲供材”中的税收政策，当可以利用税收优惠政策进行税收筹划时，建筑施工企业应该有意识地与接受服务方签订符合税收优惠政策的合同，如当企业预计不能获得足够多的进项税额时，可以规定对方负责购买部分设备、材料等，这样就可以使用简易计税方法计税，从而达到筹划节税的目的。

第三篇

房地产业“营改增”案例评析

第十二章　房地产业税制分析

房地产行业"营改增"带来的最大变化就是解决了营业税重复征税的问题，"营改增"政策最大的亮点有两个：一是允许开发商将销售项目取得的全部价款和价外费用扣除土地成本的差额作为销售额；二是不动产可以分 2 年纳入一般纳税人进项税抵扣，这在一定程度上也促进了税负降低。同时，"营改增"也对完善房地产企业经营流程、财务核算有积极影响，总体上有利于调整房地产企业资产结构以及商业地产的去库存化。

与此同时，也要注意"营改增"可能会给房地产业带来一定的税收风险。首先，房地产业部分开发成本与费用支出难以取得增值税专用发票，建筑业税负转嫁等问题都可能导致该行业税负增加。其次，政策变动给企业财务核算带来一定的挑战。此外，在政策过渡期间，房地产企业可能面临多种现实问题，如已销售又退回重新销售的房地产项目如何处理等，这都使房地产业面临较大的税务风险。

一、纳税人与扣缴义务人

在中国境内销售服务、无形资产或者不动产的单位和个人，为增值税纳税人。

纳税人年应征增值税销售额超过500万元（含）的纳税人为一般纳税人，未超过规定标准的纳税人为小规模纳税人。其中对应当办理一般纳税人资格登记而未办理的纳税人应当按照销售额和增值税税率计算应纳税额，不得抵扣进项税额，也不得使用增值税专用发票。

一般纳税人和小规模纳税人适用不同的计税方式，以500万元为标准划分。房地产企业可以通过建立项目公司，选择合适的纳税人类型，以期合理降低企业税负。

二、征税范围

（一）根据《销售服务、无形资产或者不动产注释》规定，房地产企业主要涉及以下税目

1. 房地产企业销售自己开发的房地产项目适用销售不动产税目。

转让建筑物有限产权或者永久使用权的，转让在建的建筑物或者构筑物所有权的，以及在转让建筑物或者构筑物时一并转让其所占土地的使用权的，按照销售不动产缴纳增值税。

【注释】不动产，是指不能移动或者移动后会引起性质、形状改变的财产，包括建筑物、构筑物等。建筑物包括住宅、商业营业用房、办公楼等可供居住、工作或者进行其他活动的建造物。构筑物包括道路、桥梁、隧道、水坝等建造物。

2. 房地产企业出租自己开发的房地产项目（包括如商

铺、写字楼、公寓等），适用租赁服务税目中的不动产经营租赁服务税目和不动产融资租赁服务税目（不含不动产售后回租融资租赁）。

（二）不征收增值税的项目

下列情形不属于在境内销售服务或者无形资产：

（1）境外单位或者个人向境内单位或者个人销售完全在境外发生的服务。

（2）境外单位或者个人向境内单位或者个人销售完全在境外使用的无形资产。

（3）境外单位或者个人向境内单位或者个人出租完全在境外使用的有形动产。

（4）财政部和国家税务总局规定的其他情形。

（三）房地产业不征收增值税项目

（1）房地产主管部门或者其指定机构、公积金管理中心、开发企业以及物业管理单位代收的住房专项维修基金。

（2）在资产重组过程中，通过合并、分立、出售、置换等方式，将全部或者部分实物资产以及与其相关联的债权、负债和劳动力一并转让给其他单位和个人，其中涉及的不动产转让行为为不征税项目。

三、税率和征收率

房地产企业销售、出租不动产适用的税率均为11%。

小规模纳税人销售、出租不动产，以及一般纳税人提供的可选择简易计税方法的销售、出租不动产业务，征收率为5%。

境内的购买方为境外单位和个人扣缴增值税的，按照适用税率扣缴增值税。

一般纳税人适用增值税税率，其进项税额可以抵扣，而小规模纳税人适用增值税征收率，其进项税额不可以抵扣。

四、应纳税额的计算

（一）计税方法

增值税的计税方法，包括一般计税方法和简易计税方法。

一般纳税人发生应税行为适用一般计税方法。

一般纳税人发生财政部和国家税务总局规定的特定应税行为，可以选择适用简易计税方法，但一经选择，36个月内不得变更。如表12-1和表12-2所示。

小规模纳税人发生应税行为适用简易计税方法计税。

1. 一般计税方法

一般计税方法的应纳税额，是指当期销项税额抵扣当期进项税额后的余额。应纳税额计算公式为：

$$应纳税额 = 当期销项税额 - 当期进项税额$$

当期销项税额小于当期进项税额不足抵扣时，其不足部分可以结转下期继续抵扣。

表 12-1　不动产转让与经营租赁适用税率及征收率

<table>
<tr><th>业务</th><th>类型</th><th colspan="5">不动产性质</th><th>预征率</th><th>税率 / 征收率</th></tr>
<tr><td rowspan="11">不动产转让</td><td rowspan="3">非房地产开发企业</td><td rowspan="2">一般纳税人</td><td colspan="4">2016 年 4 月 30 日前</td><td rowspan="3">5%</td><td>11%（可选择 5% 征收率）</td></tr>
<tr><td colspan="4">2016 年 5 月 1 日后</td><td>11%</td></tr>
<tr><td>小规模纳税人</td><td colspan="4">—</td><td>5%</td></tr>
<tr><td rowspan="3">房地产开发企业</td><td rowspan="2">一般纳税人</td><td colspan="4">房地产老项目</td><td rowspan="3">3%</td><td>11%（可选择 5% 征收率）</td></tr>
<tr><td colspan="4">房地产新项目</td><td>11%</td></tr>
<tr><td>小规模纳税人</td><td colspan="4">—</td><td>5%</td></tr>
<tr><td colspan="2" rowspan="5">个体工商户以及其他个人</td><td rowspan="4">购买的住房</td><td colspan="3">购买不足 2 年</td><td colspan="2" rowspan="2">5%（仅个体工商户）
5%</td></tr>
<tr><td rowspan="3">购买两年以上</td><td rowspan="2">北上广深</td><td>非普通住房</td></tr>
<tr><td>普通住房</td><td colspan="2" rowspan="2">免税</td></tr>
<tr><td colspan="2">其他地区</td></tr>
<tr><td colspan="4">取得的不动产</td><td>5%（仅个体工商户）</td><td>5%</td></tr>
</table>

续表

业务	类型	不动产性质	预征率	税率 / 征收率
不动产经营租赁	一般纳税人	2016 年 4 月 30 日前	3%，5%（简易计税方法下）	11%（可选择 5% 征收率）
		2016 年 5 月 1 日后	3%	11%
	小规模纳税人（单位）	—	5%	5%
	个体工商户以及其他个人	非住房	5%（仅个体工商户）	
		住房	5% 减按 1.5%（仅个体工商户）	5% 的征收率减按 1.5%

注：不动产经营租赁中，除其他个人外，不动产所在地与机构所在地不在同一县（市、区）的，方需向不动产所在地主管国税机关预缴税款。

房地产老项目是指：（一）《建筑工程施工许可证》注明的合同开工日期在 2016 年 4 月 30 日前的房地产项目；（二）《建筑工程施工许可证》未注明合同开工日期，或者未取得《建筑工程施工许可证》，但建筑工程承包合同注明的开工日期在 2016 年 4 月 30 日前的建筑工程项目。

表 12–2　不动产转让及租赁的计税方法及计税依据

业务	类型		不动产性质	计税方法
不动产转让	非房地产开发企业	一般纳税人	2016 年 4 月 30 日前	可选简易，适用一般
			2016 年 5 月 1 日后	应适用一般
		小规模纳税人	—	适用简易
	房地产开发企业	一般纳税人	房地产老项目	可选简易，适用一般
			房地产新项目	应适用一般
		小规模纳税人	—	适用简易
不动产经营租赁	一般纳税人		2016 年 4 月 30 日前	可选简易，适用一般
			2016 年 5 月 1 日后	应适用一般
	小规模纳税人		—	适用简易

注释：房地产老项目，是指《建筑工程施工许可证》注明的合同开工日期在 2016 年 4 月 30 日前的房地产项目；或者没有建筑工程施工许可证》的，以建筑工程承包合同注明的工程开工日期在 2016 年 4 月 30 日前的房地产项目。

2. *简易计税方法*

简易计税方法的应纳税额，是指按照销售额和增值税征收率计算的增值税额，不得抵扣进项税额。应纳税额计算公式为：

应纳税额 = 销售额 × 征收率

简易计税方法的销售额不包括其应纳税额，纳税人采用销售额和应纳税额合并定价方法的，按照下列公式计算销售额为：

销售额 = 含税销售额 ÷（1 + 征收率）

（二）销售额

1. 基本规定

销售额，是指纳税人发生应税行为取得的全部价款和价外费用，财政部和国家税务总局另有规定的除外。

价外费用，是指价外收取的各种性质的收费，但不包括以下项目：

（1）代为收取并符合本办法第十条规定的政府性基金或者行政事业性收费。

（2）以委托方名义开具发票代委托方收取的款项。

2. 核定销售额（视同销售的处理）

纳税人发生应税行为价格明显偏低或者偏高且不具有合理商业目的的，或者发生视同销售行为而无销售额的，主管税务机关有权按照下列顺序确定销售额：

（1）按照纳税人最近时期销售同类服务、无形资产或者不动产的平均价格确定。

（2）按照其他纳税人最近时期销售同类服务、无形资产或者不动产的平均价格确定。

（3）按照组成计税价格确定。组成计税价格的公式为：

组成计税价格＝成本×（1＋成本利润率）

成本利润率由国家税务总局确定。

不具有合理商业目的，是指以谋取税收利益为主要目的，通过人为安排，减少、免除、推迟缴纳增值税税款，或者增加退还增值税税款。

值得注意的是，确定价格偏高也被视为异常，价格的确定需要具备合理商业目的。

3. 试点前发生的业务

（1）试点纳税人发生应税行为，按照国家有关营业税政策规定差额征收营业税的，因取得的全部价款和价外费用不足以抵减允许扣除的项目金额，截至纳入“营改增”试点之日前尚未扣除的部分，不得在计算试点纳税人增值税应税销售额时抵减，应当向原主管地税机关申请退还营业税。

（2）试点纳税人发生应税行为，在纳入“营改增”试点之日前已缴纳营业税，“营改增”试点后因发生退款减除营业额的，应当向原主管地税机关申请退还已缴纳的营业税。

（3）试点纳税人纳入“营改增”试点之日前发生的应税行为，因税收检查等原因需要补缴税款的，应按照营业税政策规定补缴营业税。

4. 房地产开发企业转让不动产销售额的规定

（1）房地产开发企业中的一般纳税人（以下简称一般纳税人）销售自行开发的房地产项目，适用一般计税方法计税，按照取得的全部价款和价外费用，扣除当期销售房地产项目对应的土地价款后的余额计算销售额。销售额的计算公式如下：

销售额＝（全部价款和价外费用－当期允许扣除的土地价款）÷（1＋11%）

当期允许扣除的土地价款＝（当期销售房地产项目建筑面积÷房地产项目可供销售建筑面积）×支付的土地价款

当期销售房地产项目建筑面积，是指当期进行纳税申报的增值税销售额对应的建筑面积。

房地产项目可供销售建筑面积，是指房地产项目可以出售的总建筑面积，不包括销售房地产项目时未单独作价结算的配套公共设施的建筑面积。

支付的土地价款，是指向政府、土地管理部门或受政府委托收取土地价款的单位直接支付的土地价款。

【提示】首先，房地产开发企业是指按照城市房地产管理法的规定，以营利为目的，从事房地产开发和经营的企业。按房地产开发业务在企业经营范围中地位的不同，可将房地产开发企业分为房地产开发专营企业、兼营企业和项目公司。其次，“自行开发”规定了适用对象是第一次进入流通领域的“一手房”；此外，“房地产项目”是对土地和地上建筑物进行的投资开发建设项目。

值得注意的是：首先，土地价款并不能一次性扣除，而是根据取得价款和价外费用的当期，依据销售建筑面积在可供销售建筑面积中的占比进行扣除。其次，规定表明，可以扣除的土地价款的范围以纳税人直接支付的土地价款为准。

☞ **延伸：**拆迁补偿费在计算销售不动产的销售额时，不允许作为土地价款扣除。开发商承诺帮助政府建造的公共配套设施，其建造成本支出也不允许作为土地价款扣除。

土地出让金财政返还款税务处理引发争议

各地政府为了招商引资常对区域内拿地的开发商给予一定的财政奖励，即在开发商依法纳税后将地方留存部分按比例给予财政返还。另外，实务中也常常出现开发商拿地前政府已经承诺土地最低价格，在招拍挂拿地时超出政府承诺的最低价格部分，会以财政返还方式将开发商缴纳的土地出让金给予返还。在存在土地价款返还的情况下，直接支付的土地价款可能小于财政票据上记载的土地价款，这种处理与土地增值税项下的土地价款处理如出一辙，应该引起纳税人高度重视。

土地增值税清算时，由于土地成本和开发成本不仅可以据实扣除，而且还可以加计20%扣除，所以房地产开发企业更希望政府的财政返还可以作为收入处理，不用冲减成本。但税务局却要求企业冲减成本，而不是作为收入，由此引发税企争议。

故对于可能取得政府土地价款返还的，应该协商政府部门以其他名义奖励，而不能直接以土地款返还的名义支付。

（2）小规模纳税人以及一般纳税人销售自行开发的房地产老项目适用简易计税方法计税的，以取得的全部价款和价外费用为销售额，不得扣除对应的土地价款。

销售额 = 全部价款和价外费用 ÷（1 + 5%）

5. 对非房地产开发企业转让不动产的销售额确定

（1）小规模纳税人或一般纳税人转让取得（不含自建）的不动产，以及个人转让其购买的住房，按照有关规定全额缴纳增值税的，以取得的全部价款和价外费用扣除不动产购置原价或者取得不动产时的作价后的余额为销售额。

销售额 =（全部价款和价外费用 - 不动产购置原价或者取得不动产时的作价后的余额）÷（1 +税率或征收率）

适用征收率的情况有，个人转让购买不足 2 年住房对外销售的、小规模纳税人或一般纳税人转让其 2016 年 4 月 30 日前取得（不含自建）的不动产并选择适用简易计税方法计税的。

【案例 12-1】 2016 年 6 月 22 日，某一般纳税人企业销售其 2016 年 4 月 30 日前取得的商品房，取得全部价款和价外费用 2110 万元，其购置原价为 1000 万元，并且该企业选择一般计税方法计税，则其销售额为

（2110-1000）÷（1 + 11%）=1000（万元）

若该企业选择简易计税方法计税，则其销售额为

（2110-1000）÷（1 + 5%）=1057.14（万元）。

（2）小规模纳税人或一般纳税人转让自建的不动产，以及其他个人以外的纳税人转让其取得的不动产，区分以下情形计算应向不动产所在地主管地税机关预缴的税款以取得的全部价款和价外费用为销售额。

销售额 = 全部价款和价外费用 ÷（1 +税率或征收率）

适用征收率的情况有，在北京市、上海市、广州市和

深圳市，个人将购买2年以上（含2年）的非普通住房对外销售的；小规模纳税人、其他个人或一般纳税人转让其2016年4月30日前自建的不动产并选择适用简易计税方法计税的。

（三）增值税进项税额抵扣

1. 增值税抵扣凭证

纳税人取得的增值税扣税凭证不符合法律、行政法规或者国家税务总局有关规定的，其进项税额不得从销项税额中抵扣。

增值税扣税凭证，是指增值税专用发票、海关进口增值税专用缴款书、农产品收购发票、农产品销售发票和完税凭证。

纳税人凭完税凭证抵扣进项税额的，应当具备书面合同、付款证明和境外单位的对账单或者发票。资料不全的，其进项税额不得从销项税额中抵扣。

2. 准予从销项税额中抵扣的进项税额

（1）从销售方取得的增值税专用发票（含税控机动车销售统一发票）上注明的增值税额。

（2）从海关取得的海关进口增值税专用缴款书上注明的增值税额。

（3）购进农产品，除取得增值税专用发票或者海关进口增值税专用缴款书外，按照农产品收购发票或者销售发票上注明的农产品买价和13%的扣除率计算进项税额。计算公式为：

进项税额 = 买价 × 扣除率

买价，是指纳税人购进农产品在农产品收购发票或者销售发票上注明的价款和按照规定缴纳的烟叶税。

购进农产品，按照《农产品增值税进项税额核定扣除试点实施办法》抵扣进项税额的除外。

（4）从境外单位或者个人购进服务、无形资产或者不动产，自税务机关或者扣缴义务人取得的解缴税款的完税凭证上注明的增值税额。

3. 不得从销项税额中抵扣的进项税额

（1）用于简易计税方法计税项目、免征增值税项目、集体福利或者个人消费的购进货物、加工修理修配劳务、服务、无形资产和不动产。其中涉及的固定资产、无形资产、不动产，仅指专用于上述项目的固定资产、无形资产（不包括其他权益性无形资产）、不动产。纳税人的交际应酬消费属于个人消费。

【案例 12-2】某企业在一个小区内为其员工租赁住房作为集体宿舍，则属于集体福利不得抵扣进项税额的情况。此时，即便取得个人房东代开增值税专用发票也不能够用于抵扣。

需要注意的是，一般纳税人销售自行开发的房地产项目，兼有一般计税方法计税、简易计税方法计税、免征增值税的房地产项目而无法划分不得抵扣的进项税额的，应以《建筑工程施工许可证》注明的“建设规模”为依据进行划分。

不得抵扣的进项税额 = 当期无法划分的全部进项税额 ×（简易计税、免税房地产项目建设规模 ÷ 房地产项目总建设规模）

（2）非正常损失的购进货物，以及相关的加工修理修配劳务和交通运输服务。

（3）非正常损失的在产品、产成品所耗用的购进货物（不包括固定资产）、加工修理修配劳务和交通运输服务。

（4）非正常损失的不动产，以及该不动产所耗用的购进货物、设计服务和建筑服务。

（5）非正常损失的不动产在建工程所耗用的购进货物、设计服务和建筑服务。

纳税人新建、改建、扩建、修缮、装饰不动产，均属于不动产在建工程。

（6）购进的旅客运输服务、贷款服务、餐饮服务、居民日常服务和娱乐服务。

（7）财政部和国家税务总局规定的其他情形。

本条第（4）项、第（5）项所称货物，是指构成不动产实体的材料和设备，包括建筑装饰材料和给排水、采暖、卫生、通风、照明、通信、煤气、消防、中央空调、电梯、电气、智能化楼宇设备及配套设施。

4. 不动产进项税额的分期抵扣政策

国家税务总局关于发布《不动产进项税额分期抵扣暂

行办法》的公告（国家税务总局公告 2016 年第 15 号）规定：增值税一般纳税人（以下称纳税人）2016 年 5 月 1 日后取得并在会计制度上按固定资产核算的不动产，以及 2016 年 5 月 1 日后发生的不动产在建工程，其进项税额应按照本办法有关规定分 2 年从销项税额中抵扣，第一年抵扣比例为 60%，第二年抵扣比例为 40%。

取得的不动产，包括以直接购买、接受捐赠、接受投资入股以及抵债等各种形式取得的不动产。

房地产开发企业自行发开的房地产项目，融资租入的不动产，以及在施工现场修建的临时建筑物、构筑物，其进项税额不适用上述分 2 年抵扣的规定。

（四）预缴税额的计算

1. 不动产转让增值税预缴税款的计算（不含其他个人）

（1）全额预缴税款

以转让不动产取得的全部价款和价外费用作为预缴税款计算依据的，计算公式为：

应预缴税款 =（全部价款+价外费用）÷（1 + 5%）×5%

（2）差额预缴税款

以转让不动产取得的全部价款和价外费用扣除不动产购置原价或者取得不动产时的作价后的余额作为预缴税款计算依据的，计算公式为：

应预缴税款 =（全部价款+价外费用 − 不动产购置原价或

者取得不动产时的作价）÷（1 + 5%）×5%

2. 房地产开发企业销售自行开放房地产项目增值税预缴税款的计算

（1）一般纳税人采取预收款方式销售自行开发的房地产项目，应在收到预收款时按照 3% 的预征率，按以下公式计算预缴增值税：

应预缴税款 = 预收款 ÷（1 +适用税率或征收率）×3%

适用一般计税方法计税的，按照 11% 的适用税率计算；适用简易计税方法计税的，按照 5% 的征收率计算。

（2）小规模纳税人

房地产开发企业中的小规模纳税人采取预收款方式销售自行开发的房地产项目，应在收到预收款时按照 3% 的预征率，按以下公式计算预缴增值税：

应预缴税款 = 预收款 ÷（1 + 5%）×3%

3. 不动产经营租赁服务增值税与预缴税款的计算

（1）纳税人出租不动产适用一般计税方法计税的，按照以下公式计算应预缴税款：

应预缴税款=含税销售额 ÷（1 + 11%）×3%

以当期销售额和 11% 的适用税率计算当期应纳税额，抵减已预缴税款后，向主管国税机关申报纳税。未抵减完的预缴税款可以结转下期继续抵减。

【案例 12-3】 2016 年 6 月，某企业（一般纳税人）将其闲置房屋出租，取得租金收入 58 275 元，款项已交付。则就该笔租金需预缴增值税款 58275÷(1＋11%)×3%=1575 元。

（2）纳税人出租不动产适用简易计税方法计税的，除个人出租住房外，按照以下公式计算应预缴税款：

应预缴税款＝含税销售额÷（1＋5%）×5%

【案例 12-4】 北京市某增值税一般纳税人于 2014 年购买位于浙江省的商铺 1 套，用于出租。每月租金收入 222 万元。自 2016 年 5 月 1 日起，由于纳税人机构所在地在北京市，不动产在浙江省，不动产所在地与机构所在地不在同一县（市区），因此纳税人应向不动产所在地国税预缴税款。如果纳税人选择一般计税方法，则需预缴税款为 222÷（1＋11%）×3%=60（万元）。如果纳税人选择简易计税方法，则需预缴税款为 222÷（1＋5%）×5%=10.57（万元）。

（3）个体工商户出租住房，按照以下公式计算应预缴税款：

应预缴税款＝含税销售额÷（1＋5%）×1.5%

五、征收管理

（一）纳税义务发生时间

1. 直接收款

纳税人发生应税行为并收讫销售款项或者取得索取销

售款项凭据的当天；先开具发票的，为开具发票的当天。

收讫销售款项，是指纳税人销售不动产过程中或者完成后收到款项。

取得索取销售款项凭据的当天，是指书面合同确定的付款日期；未签订书面合同或者书面合同未确定付款日期的，为不动产权属变更的当天。

2. 视同销售

视同销售不动产的情形，其纳税义务发生时间为不动产权属变更的当天。

3. 预收账款

房地产开发企业采取预收款方式销售所开发的房地产项目，在收到预收款时按照 3% 的预征率预缴增值税。

4. 扣缴义务发生时间

增值税扣缴义务发生时间为纳税人增值税纳税义务发生的当天。

5. 纳税人出租不动产预缴税款

纳税人应在取得租金的次月纳税申报期或不动产所在地主管国税机关核定的纳税期限预缴税款。

【提示】本条规定明确了以一个月为纳税期限的纳税人的预缴税款期限的确定方法。以一个月为纳税期限的纳税人，其当月取得租金收入的，应在次月的 15 日内预缴税款，预缴税款的期限与纳税申报期相同；同时，不动产所在地主管国税机关有权对具体的预缴期限进行核定[①]。

（二）纳税地点

国家税务总局关于营业税改征增值税委托地税机关代征税款和代开增值税发票的公告（国家税务总局公告 2016 年第 19 号）规定：

营业税改征增值税后由地税机关继续受理纳税人销售其取得的不动产和其他个人出租不动产的申报缴纳和代开增值税发票业务，以方便纳税人办税。

“营改增”后，不动产转让和租赁中预缴税款和申报纳税的主管机关涉及不动产所在地主管地税机关、不动产所在地主管地税机关、机构所在地主管国税机关、住房所在地主管地税机关等，纳税人需注意区分，如表 12-3 所示。

【案例 12-5】北京某增值税一般纳税人，于 2017 年 1 月购入浙江省内一商业用房，并进行出租。自 2017 年 1 月 1 日起，由于纳税人机构所在地在北京市区，不动产在浙江省，不动产所在地与机构所在地不在同一县（市区），纳税人应向不动产所在地预缴税款。纳税人为增值税一般纳税人，其出租不动产，应向不动产所在地主管国税机关预缴税款。故该纳税人应以收取的租金按照 3% 的预征率计算应预

---

① 资料来源：http://www.shui5.cn/article/00/87075$2.html.

表 12-3　不动产转让与租赁所涉及的税务机关

<table>
<tr><th>类型</th><th colspan="2">纳税人身份</th><th>预缴税款</th><th>申报纳税</th></tr>
<tr><td>非房地产企业转让不动产</td><td colspan="2">一般纳税人</td><td>不动产所在地主管地税机关</td><td>机构所在地主管国税机关</td></tr>
<tr><td rowspan="2">非房地产企业转让不动产</td><td rowspan="2">小规模纳税人</td><td>单位、个体工商户</td><td>不动产所在地主管地税机关</td><td>机构所在地主管国税机关</td></tr>
<tr><td>其他个人</td><td>—</td><td>不动产所在地主管地税机关</td></tr>
<tr><td rowspan="2">转让住房</td><td colspan="2">单位、个体工商户</td><td>住房所在地主管地税机关</td><td>机构所在地主管国税机关</td></tr>
<tr><td colspan="2">其他个人</td><td>—</td><td>住房所在地主管地税机关</td></tr>
<tr><td rowspan="2">房地产开发企业转让不动产</td><td colspan="2">一般纳税人</td><td colspan="2">主管国税机关</td></tr>
<tr><td colspan="2">小规模纳税人</td><td colspan="2"></td></tr>
<tr><td rowspan="3">不动产经营租赁</td><td colspan="2">其他个人</td><td>—</td><td>不动产所在地主管地税机关</td></tr>
<tr><td rowspan="2">除其他个人外的纳税人</td><td>不动产所在地与机构所在地在同一县（市）</td><td>—</td><td>机构所在地主管国税机关</td></tr>
<tr><td>不动产所在地与机构所在地不在同一县（市）</td><td>不动产所在地主管国税机关</td><td></td></tr>
</table>

缴税额，向不动产所在地浙江省的国税机关预缴税款；再向其机构所在地，按照销项税额减去进项税额的方法计算应纳税额，向北京市主管税务机关申报纳税。若该纳税人于2017年7月又购入位于北京市内的一套商业用房，并进行出租，则由于不动产所在地与机构所在地在同一县（市区），因此纳税人不需要预缴税款。

（三）发票管理

1. 纳税人转让不动产

小规模纳税人转让其取得的不动产，不能自行开具增值税发票的，可向不动产所在地主管地税机关申请代开。

纳税人向其他个人转让其取得的不动产，不得开具或申请代开增值税专用发票。

2. 房地产开发企业转让不动产

（1）一般纳税人

一般纳税人销售自行开发的房地产项目，自行开具增值税发票。

一般纳税人销售自行开发的房地产项目，其2016年4月30日前收取并已向主管地税机关申报缴纳营业税的预收款，未开具营业税发票的，可以开具增值税普通发票，不得开具增值税专用发票。

【提示】该规定表明，对于4月30日前已经收取并申报缴纳营业税的预收款，不可以开具增值税专票，则将会对购买方若为能够抵扣进项税额的一般纳税人产生不利影响，使之难以适用两年分期抵扣不动产进项税额的政策。故销售商业地产时需要特别关注。

一般纳税人向其他个人销售自行开发的房地产项目，不得开具增值税专用发票。

（2）小规模纳税人

小规模纳税人销售自行开发的房地产项目，应自行开具增值税普通发票。购买方需要增值税专用发票的，小规模纳税人应向主管国税机关申请代开。

小规模纳税人销售自行开发的房地产项目，其2016年4月30日前收取并已向主管地税机关申报缴纳营业税的预收款，未开具营业税发票的，可以开具增值税普通发票，不得申请代开增值税专用发票。

小规模纳税人向其他个人销售自行开发的房地产项目，不得申请代开增值税专用发票。

3. 不动产经营租赁业务

小规模纳税人中的单位和个体工商户出租不动产，不能自行开具增值税发票的，可向不动产所在地主管国税机关申请代开增值税发票。

其他个人出租不动产，可向不动产所在地主管地税机关申请代开增值税发票。

纳税人向其他个人出租不动产，不得开具或申请代开增值税专用发票。

（四）法律责任

纳税人出租不动产，按照本办法规定应向不动产所在地主管国税机关预缴税款而自应当预缴之月起超过6个月没有预缴税款的，由机构所在地主管国税机关按照《中华人民共和国税收征收管理法》及相关规定进行处理。

《中华人民共和国税收征收管理法》相关规定

《中华人民共和国税收征收管理法》第六十二条，纳税人未按照规定的期限办理纳税申报和报送纳税资料的，或者扣缴义务人未按照规定的期限向税务机关报送代扣代缴、代收代缴税款报告表和有关资料的，由税务机关责令限期改正，可以处二千元以下的罚款；情节严重的，可以处二千元以上一万元以下的罚款。

纳税人出租不动产、房地产开发企业销售自行开发的房地产项目以及纳税人转让不动产，未按照规定缴纳税款的，由主管税务机关按照《中华人民共和国税收征收管理法》及相关规定进行处理。

六、税收优惠

（一）免税政策

1. 2018 年 12 月 31 日前，公共租赁住房经营管理单位出租公共租赁住房免征增值税。

公共租赁住房，是指纳入省、自治区、直辖市、计划单列市人民政府及新疆生产建设兵团批准的公共租赁住房发展规划和年度计划，并按照《关于加快发展公共租赁住房的指导意见》（建保〔2010〕87 号）和市、县人民政府制定的具体管理办法进行管理的公共租赁住房。

本条政策承接了《财政部、国家税务总局关于支持公共租赁住房建设和运营有关税收优惠政策的通知》（财税〔2015〕139 号）第七条规定：2018 年 12 月 31 日前，对经营公共租赁住房所取得的租金收入，免征营业税。

2. 为了配合国家住房制度改革，企业、行政事业单位按房改成本价、标准价出售住房取得的收入。

本政策承接了《财政部、国家税务总局关于职业教育等营业税若干政策问题的通知》（财税〔2013〕62 号）规定：对企业、行政事业单位按房改成本价、标准价出售住房的收入，免征营业税。

3. 个人销售自建自用住房。

本政策承接了营业税相关免税规定，即《财政部、国家税务总局关于职业教育等营业税若干政策问题的通知》（财税

〔2013〕62号）第二条：对个人销售自建自用住房，免征营业税。

4. 涉及家庭财产分割的个人无偿转让不动产、土地使用权。

《财政部、国家税务总局关于个人金融商品买卖等营业税若干免税政策的通知》（财税〔2009〕111号）规定，个人无偿赠与不动产、土地使用权，属于下列情形之一的，暂免征收营业税：

（1）离婚财产分割；

（2）无偿赠与配偶、父母、子女、祖父母、外祖父母、孙子女、外孙子女、兄弟姐妹；

（3）无偿赠与对其承担直接抚养或者赡养义务的抚养人或者赡养人；

（4）房屋产权所有人死亡，依法取得房屋产权的法定继承人、遗嘱继承人或者受遗赠人。

5. 军队空余房产租赁收入。本条政策承接了《财政部、国家税务总局关于暂免征收军队空余房产租赁收入营业税房产税的通知》（财税〔2004〕123号）规定：自2004年8月1日起，对军队空余房产租赁收入暂免征收营业税；暂免征收营业税的军队空余房产，在出租时必须悬挂《军队房地产租赁许可证》，以备查验。

（二）“营改增”过渡政策

个人将购买不足2年的住房对外销售的，按照5%的征收率全额缴纳增值税；个人将购买2年以上（含2年）的住房对外销售的，免征增值税。上述政策适用于北京市、上海市、广州市和深圳市之外的地区。

个人将购买不足 2 年的住房对外销售的，按照 5% 的征收率全额缴纳增值税；个人将购买 2 年以上（含 2 年）的非普通住房对外销售的，以销售收入减去购买住房价款后的差额按照 5% 的征收率缴纳增值税；个人将购买 2 年以上（含 2 年）的普通住房对外销售的，免征增值税。上述政策仅适用于北京市、上海市、广州市和深圳市。

【案例 12-6】张先生将未满 2 年的位于天津市的普通住房对外销售，取得出售住房收入 210 万元。其应纳增值税额为 $210 \div (1+5\%) \times 5\% = 10$ 万元。此外，对个人而言，"营改增"后，对房产持有期在 2 年内的情况，转让二手房税负将下降。此外，若张先生持有该住房满 2 年后再出售，则售房收入免征增值税。个人可以通过延长持有期的方式，合理降低增值税税负。

二手房"营改增"，税收优惠有啥变化？

二手房交易"营改增"后，主要有以下"五变"、"三不变"。根据《实施办法》附件 2《营业税改征增值税试点有关事项的规定》第（八）项"销售不动产"中的第 6 条："个人将购买不足 2 年的住房对外销售的，按照 5% 的征收率全额缴纳增值税；个人将购买 2 年以上（含 2 年）的住房对外销售的，免征增值税。"此规定与原政策相比有以下五点变化：一是税种名称发生了变化。从5月1日起改征增值税，营业税自此消亡。二是税负发生了变化。增值税的立法原则是不含税计征，属于价外税，那么按照住房成交价计征增值税时需要将含税销售额进行换算，换算公式为：不含税销售额 = 成交价 ÷(1 + 5%)，应纳增值税 = 不含税销售额 ×5%，实际税负为4.76% [算式为:1÷(1 + 5%) ×5%=4.76%]。由于营业税实行的是价内税，因此，二手房实行增值税后比原来的营业税税负略有所下降。三是此项政策覆盖范围发生了变化。原二手房销售营业税政策对北、上、广、深仍适用原政策规定，从5月1日起二手房“营改增”后全国一盘棋。四是税收收入属性发生了变化。营业税是地方税，收入归属地方各级政府；增值税是中央与地方共享税收。五是征收机关的变化。营业税原来由地方税务机关负责征收管理，增值税则由国家税务机关负责征收管理。

“三不变”即：一不变是抑制投机性“炒房”的政策不变，对个人将购买不足2年的住房对外销售的，按照5%的征收率全额缴纳增值税。二不变是税收优惠政策不变。对于个人将购买2年以上（含2年）的住房对外销售的,免征增值税。三不变是“办理免税的具体程序、购买房屋的时间、开具发票、非购买形式取得住房行为及其他相关税收管理规定”按照原政策规定执行。

第十三章　房地产业纳税案例解析

一、纳税人的选择

（一）房地产业增值税纳税人

【案例 13-1】承包、承租、挂靠经营方式下纳税人的界定 2017 年，甲房地产开发企业将其销售业务外包给当地的乙房地产营销公司，甲公司承包其销售业务，并以发包人（甲企业）名义对外经营，则甲企业为增值税纳税人。

案例分析：

采用承包、承租、挂靠经营的方式下，纳税人的界定分为如下两种情况。

（1）同时满足以下两个条件的，以发包人为纳税人：

1）以发包人名义对外经营。

2）由发包人承担相关法律责任。

（2）不同时满足上述两个条件的，以承包人为纳税人。

（二）一般纳税人和小规模纳税人

【案例 13-2】甲房地产企业销售房产，2017 年取得不含税销售额 450 万元，其中免税销售额（不含税）100 万元，故其超过“营改增”后一般纳税人规定标准，应当向主管税务机关办理一般纳税人资格登记。符合一般纳税人条件的纳税人应当向主管税务机关申请资格登记，若其未申请办理一般纳税人资格登记手续，也应按销售额依照增值税税率计算应纳税额，不得抵扣进项税额，也不得使用增值税专用发票（含税控机动车销售统一发票）。

案例分析：

纳税人发生应税行为年应税销售额标准为500万元（含本数）。年应税销售额超过500万元的纳税人为一般纳税人；年应税销售额未超过500万元的纳税人为小规模纳税人。年应税销售额，是指纳税人在连续不超过12个月的经营期内累计应征增值税销售额，含减、免税销售额，发生境外应税行为销售额以及按规定已从销售额中差额扣除的部分。故甲房地产企业2017年应税销售额为450＋100=550（万元)大于500（万元），故其应当认定为一般纳税人。

此外，若假设甲企业为零售业的个体工商户，2017年转让其取得的商品房一套，取得全部价款及价外费用725万元，该房产购置原价为200万元，其不含税销售额为（725-200）÷（1＋5%）=500（万元)，虽然年应税销售额超过规定标准，但根据《营业税改征增值税试点实施办法》第三条规定，由于该企业处在零售行业，不经常发生转让不动产行为，故可选择按照小规模纳税人纳税，无须认定为一般纳税人。

二、一般纳税人的纳税处理

（一）房地产企业的一般纳税人销售不动产纳税处理

【案例 13-3】 2016 年 6 月，某房地产开发公司准备开发一小区，开发规划建造商品住宅 10 000 平方米。在此开发建设过程中，主要发生了下列有关业务。

（1）公司用银行存款支付土地征用及拆迁补偿费 1000 万元、前期工程费 111 万元和基础设施费 666 万元。

（2）待土地全部开发完工后，公司结转土地的开发成本。

（3）将商品住宅的建筑安装工程发包给一家建筑公司施工，工程标价 222 万元，房地产公司已预付建筑公司工程款 122 万元，现工程完工验收后用银行存款支付其余款项。

（4）工程全部竣工后计算并作结转商品住宅的开发成本。

（5）商品住宅全部售出，出售价为 6550 元 / 平方米，收到售房款存入银行。

其中，假定房地产业“营改增”后，该房地产开发公司为增值税一般纳税人，购买的相关货物均取得增值税专用发票，并都按 11% 的税率抵扣进项税额；不考虑其他税费，且“营改增”前后房地产价格不变。

（1）支付土地征用及拆迁补偿费：

借：开发成本——土地开发　　1000

　贷：银行存款　　1000

（2）支付前期工程费：

借：开发成本——土地开发　100

　应交税费——应交增值税（进项税额）　11

　贷：银行存款　111

（3）支付基础设施费：

借：开发成本——土地开发　600

　应交税费——应交增值税（进项税额）　66

　贷：银行存款　666

（4）计算并结转土地开发成本：

借：开发成本——房屋开发成本　1700

　贷：开发成本——土地开发　1700

（5）将此建筑安装工程发包给施工单位：

借：开发成本——房屋开发成本　200

　应交税费——应交增值税（进项税额）　22

　贷：应付账款　222

（6）工程完工验收后结算工程款：

借：应付账款　222

　贷：预付账款　122

　　银行存款　100

（7）结算完工商住楼的开发成本：

借：开发产品——商品住宅　1900

　贷：开发成本——房屋开发成本　1900

（8）出售商品住宅：

产生增值税销项税额为

（6550－1000）÷（1＋11%）×11%=550（万元）

借：银行存款　　6550

　贷：主营业务收入　　6000

　　　应交税费——应交增值税（销项税额）　　550

借：主营业务成本　　1900

　贷：开发产品——商品住宅　　1900

案例分析：

“营改增”后，房地产企业在支付相关开发建设费用时要核算增值税进项税额，在取得收入时需将销售额换算为不含税销售额，并核算增值税销项税额，这导致最终确认的主营业务收入和成本都将变化。

（二）销售房地产老项目的税务处理和会计核算

【案例 13-4】假设某企业欲销售其于 2016 年 4 月 30 日前自建的商品房，取得销售收入 1 110 000 元。已知该企业在“营改增”后为一般纳税人；城市维护建设税、教育费附加的税率分别为 7%、3%。

1. 若企业于 2016 年 4 月 30 日后销售该项目，且采用一般计税方法

该企业在 2016 年 4 月 30 日后销售该房地产项目，且企业为增值税一般纳税人，则可以选择简易征税方法和一般征税方法；并且，增值税作为价外税，需要将含税销售额换算为不含税销售额计算应纳税额。

房地产企业销售不动产的不含税收入为 1110000÷

（1 + 11%）=1000000（元），所产生的销项税额为 1110000÷（1 + 11%）×11%=110000（元）。

相关的会计处理如下：

（1）计算企业收入及销项税额：

借：银行存款　　1 110 000

　贷：主营业务收入　　1 000 000

　　应交税费——应交增值税（销项税额）　110 000

（2）不考虑当月增值税进项税额的情况下，计算城建税和教育费附加：

借：营业税金及附加　　11 000

　贷：应交税费——应交城市维护建设税　　7700

　　应交税费——应交教育费附加　　3300

2. 若企业于 2016 年 4 月 30 日后销售该项目，且选择简易计税方法

首先需以取得的全部价款和价外费用为销售额，按照 5% 的征收率计算应纳税额。故其应纳税额为：

1110000÷（1 + 5%）×5%=52657.14（万元）

则相关的会计处理如下：

（1）计算企业收入及应缴增值税税额：

借：银行存款　　1 110 000

　贷：主营业务收入　　1 057 142.86

　　应交税费——应交增值税（未交增值税）　52 657.14

（2）简易计税方法不得抵扣进项税额，计算城建税和教育费附加：

借：营业税金及附加　　5265.71

　贷：应交税费——应交城市维护建设税　　3686

　　　应交税费——应交教育费附加　　1579.71

案例分析：

一般纳税人销售不动产，采用简易计税方法的，借记“银行存款”、“应收账款”等科目，贷记“主营业务收入”等科目，贷记“应交税费——应交增值税（未交增值税）”科目。此处就不应计入“应交税费——应交增值税（销项税额）”，否则在计算本期应纳税额或期末留抵税额的时候，这部分应交增值税将会抵扣进项税额。

此外，虽然案例中一般计税方法相较于简易计税方法将产生更少的收入以及更多的城建税和教育费附加，利润将明显小于建议计税方法下所产生的利润。但是在考虑进项税额的情况下，将会带来城建税和教育费附加的下降，当进项税额足够多时，会产生不同的结果。

三、小规模纳税人的纳税处理

【案例 13-5】假设 2016 年 6 月，某企业将其闲置房屋（非住房）出租，取得租金收入 58 275 元，款项已交付。若该企业为小规模纳税人，则就该笔租金将产生增值税销项税额为 58275÷(1＋5%)×5%=2775（元），会计分录如下：

借：银行存款　　58 275

贷：其他业务收入　　　　　　　　　　　　55 500

　　应交税费——应交增值税　　　　　　　　2775

案例分析：

按照确认的收入和增值税税额，借记"应收账款"、"应收票据"、"银行存款"等科目，按确认的不含税收入，贷记"主营业务收入"或"其他业务收入"，按收取的增值税税额，贷记"应交税费——应交增值税（销项税额）"科目。若发生出租价款折让等，作相反分录。

若不动产所在地与机构所在地不在同一县（市、区）的，小规模纳税人应按照上述计税方法向不动产所在地主管国税机关预缴税款，预缴税款的会计处理借记"应交税费——应交增值税"科目，贷记"银行存款"科目。

第十四章　房地产业税务风险提示

一、房地产业“营改增”税务风险分析

房地产业税务在“营改增”过程中可能出现的涉税风险是企业涉税行为未能准确地遵循相关政策规定，从而导致企业利益损失，出现多交税或是少交税的风险。主要风险可能出现在以下几个方面。

（一）财务人员的业务水平风险

“营改增”将使业务处理发生大幅度变化。例如，对相关成本和收入都需要扣除增值税，转化为不含税销售收入和成本；从销项税额方面而言，财务人员需注意其纳税义务时间、销售额和适用税率等以准确核算销项税额；从进项税额方面而言，财务人员对判断其是否能够抵扣等都需要进行系统的学习掌握。加之房地产企业还可能涉及跨地区经营，或者是总分包经营的模式，总公司和各个分公司之间的业务往来，都会让财务核算变得越发繁杂。例如，《房地产开发企业销售自行开发的房地产项目增值税征收管理暂行办法》中规定，一般纳税人应建立台账登记土地价款的扣除情况，扣除的土地价款不得超过纳税人实际支付的土地价款。因此，如果纳税人没有依据规定建立台账，就可能招致税务机关的

行政处罚。

这对房地产业企业财务人员的业务水平有较高要求。如果此类业务处理、增值税核算和申报出现失误，将可能导致企业补缴税款和滞纳金等问题，会给企业带来一定的税务风险。

（二）税收政策的执行风险

企业在进行业务核算和税收筹划时可能出现对相关税收政策的误解，导致企业涉税风险的出现。其一，对政策的内容和变化未做及时了解。例如，在税收筹划过程中，筹划人员若仅掌握国税总局所发布的相关税收政策文件，而对地方发布的与房地产业相关的税收政策未能及时掌握，则可能导致企业少缴税款或未享受相关优惠政策带来的利益。其二，征纳双方对政策理解差异。企业税收筹划人员对政策的理解可能与税务机关对政策的理解不一致，企业筹划行为可能存在被税务机关判定为偷税漏税，导致企业税收筹划失败并承担补缴税款等责任。

（三）增值税专用发票的取得和使用风险

企业应当重视对增值税专用发票的管理。一方面，企业应当对取得的增值税专用发票是否合格合规进行检验——对合格的增值税专用发票进行及时申报；对增值税专用发票真实性、合法性存在质疑的，则进行查证处理，以避免出现可抵扣进项税额未抵扣、不可抵扣的进项税额却进行抵扣等涉税风险发生。另一方面，企业还应重视虚开、代开增值税专用发票问题，规范发票取得和使用情况。房地产企业的税负与进项税额的抵扣有直接的关系，然而房地产企业能够获取的增值税发票有限。这样，在一定情况下可能导致代开，虚开增值税发票的行为发生。造成房地产企业税务风险。在建筑业普遍存在的“甲供材”现象，其实经常被房地产商利用来虚增成本[①]。建筑业为取得“甲供材”的发票，可能出现“代开”、“虚开”的现象。故房地产企业应当对“甲供材”引发的发票被专用行为进行约束管理，降低企业受到处罚的风险。

（四）建筑企业转嫁税负的风险[②]

房地产施工领域竞争激烈，建筑企业难以通过提高承包价格将“营改增”所承担的税负转嫁给房地产开发企业，就会从工程质量上来转嫁税务风险。这就要求房地产开发商要选取有正规资质、符合增值税纳税人资格的施工企业，在确保工程质量的同时为将来自身增值税的抵扣创造条件。

二、房地产业“营改增”税务风险应对建议

（一）提高企业财务人员的业务水平

在“营改增”实施前后，都需要对企业财务人员提供

① 焦婷．房地产企业“营改增”风险初探及应对策略 [J]．财经界：学术版，2015（10）．

② 张伟巍．“营改增”后房地产企业的税务筹划 [J]．当代经济，2015（17）：26-27．

培训、学习机会，积极应对税制改革带来的变化。其一，设置相关会计账户科目；其二，提高财务人员会计核算和税务处理方面知识；其三，提高企业发票管理水平，加强对专用发票的认证和管理，防范接受虚开、代开的增值税专用发票。

（二）完善与税务机关沟通机制

“营改增”后，主管税务机关由地税变为国税，同时，纳税申报时间、提交的材料也会发生变化，企业应按照国家法律、政策要求按时进行纳税申报，依法提交、留存各项财务、税务材料。因此，在给财务人员提供培训，加强对税法政策内容和变动的掌握的同时，还应与税务机关建立良好的沟通机制，确保税收筹划在税务机关认可的税法框架内进行，企业还可以通过与税务机关的交流获得最新的税法政策的解读，降低企业风险。

（三）企业内部建立税务管理部门

对大型的房地产集团，可以建立税务管理部门或统一的税务管理中心。“营改增”后，除财务处理更加繁杂之外，房地产企业需要按照销售额的一定比例预缴增值税，这些政策的改变和不确定性对集团以及各个成员企业是一个非常大的影响因素。如果所有拥有法人资格的成员都必须先预缴增值税，那么企业进项税额将不会被充分地抵扣，这对企业的发展是一个非常大的风险，针对上述这些问题，可建立税务管理部门，统一对企业的税务进行筹划和管理，提升企业应对各种风险和不确定因素的能力[①]。

此外，识别财务系统的改造点及新增控制点，包括但不限于会计科目多级设置和调整、固定资产抵扣年限控制和固定资产进项税额转入和转出操作等，就价税分离进行准确核算，并为后续税务申报提供数据支持。建立增值税发票管理体系，复核增值税相关操作指引手册、管理办法及制度规范清单，识别需要进行修订或者新增的内容，以完善增值税操作手册、增值税发票管理手册等[②]。

（四）细化合同条款

合同中应对增值税发票的取得等方面进行一定的规定，例如：明确按规定提供发票的义务；明确提供发票的时间要求（如先款还是先票的问题）；明确提供发票类型、税率的要求（比如在建筑承包合同中可以约定对方需要提供“税率为11%的建筑服务增值税专用发票”）；明确发票不符合规定所导致的赔偿责任等[③]。

---

① 刘金锋．房地产企业“营改增”的风险及其应对策略[J]．企业改革与管理，2016（2）.

② 德勤中国．房地产业应对“营改增”的关键节点[EB/OL].http://www2.deloitte.com/cn/zh/pages/tax/articles/vat-reform-things-you-need-to-know.html,2016.

③ 邹胜．“营改增”后，房地产企业怎么在合同中约定发票条款？[EB/OL].http://www.shui5.cn/article/fa/86789.html,2016.

（五）充分利用纳税人合法权益

房地产业纳税人若认为税务机关具体行政行为不合法，侵犯其合法权益时，则可向税务行政复议机关申请行政复议。对税务行政复议结果不服的，则可以考虑通过行政诉讼程序保护自身合法权益。

第十五章　房地产业税收筹划点睛

一、房地产企业纳税人身份的选择

房地产企业“营改增”后，将涉及增值税一般纳税人与小规模纳税人身份的选择。由于各房地产企业利润率以及其所能取得的进项税额不等，基于税负角度考虑，纳税人可以通过计算临界点增值率的方法，来选择一般纳税人和小规模纳税人身份以降低企业税负。

筹划方案：

假设A房地产开发公司的营业收入（假设全为增值税应税收入）为X万元（含税），相关成本费用为Y万元，则：

小规模纳税人应纳增值税额为：$X\times\frac{5\%}{1+5\%}=4.76\%\times X$

①假设发生的成本费用全部能取得增值税专用发票，当抵扣率为11%时，一般纳税人应纳增值税额为：

$$X\times\frac{11\%}{1+11\%}-Y\times\frac{11\%}{1+11\%}=9.91\%\times(X-Y)$$

令$4.76\%\times X>9.91\%(X-Y)$，可得$Y/X>51.97\%$

结论：当$Y/X>51.97\%$时，企业应申请成为一般纳税人，增值税税负较小；$Y/X<51.97\%$时，企业应申请成为小规模

纳税人。

②假设发生的成本费用全部能取得增值税专用发票，当抵扣率为17%时，一般纳税人应纳增值税额为：

$$X\times\frac{11\%}{1+11\%}-Y\times\frac{17\%}{1+17\%}=9.91\%\times X-14.53\%\times Y$$

令$4.76\%\times X>9.91\%\times X-14.53\%\times Y$，可得$Y/X>35.44\%$

结论：当$Y/X>35.44\%$时，企业应申请成为一般纳税人，增值税税负较小；$Y/X<35.44\%$时，企业应申请成为小规模纳税人。

筹划技巧：

能够抵扣的进项税额的多少与房地产企业选择纳税人身份息息相关。在售价相等的情况下，若一个项目可能取得的进项税额较大，房地产集团可以通过对每一项目建立一个小规模纳税人身份的项目公司的方法，降低一定税负。但纳税人身份的选择还受到其他条件约束，如房产销售额是否能少于500万元、开发项目的销售对象是否希望能够得到较多的增值税等。

二、对供应商的选择

由于一般纳税人可以提供增值税专用发票，所以在理论上偏向从具有一般纳税人身份的供应商进行采购，房地产企业在一般纳税人处购进零散材料时，以17%、11%等较高税率水平进行进项税额抵扣。但是在现实中，从小规模纳税人处购进商品时，在不能抵扣或者可抵扣额较少的情况下，可以带来成本价格较低优势。在对商品质量、销售折扣优惠等方面进行综合考虑之后，不仅应对供应方的纳税人身份，还应对其供货价格进行比较，以企业利润最大化为原则，考虑税费和价格对利润的影响，对供应商进行综合考虑和筛选。

【案例 15-1】假设某房地产开发公司的一项房地产开发项目实施过程中，该项目预计销售额为 1110 万元，目前已发生成本为 500 万元，可抵扣进项税额 50 万元。在"营改增"条件下，需要购买一批建筑材料。该房地产企业收到了三个供应商的报价。已知房地产行业增值税税率为 11%，城市维护建设税税率为 7%，教育费附加为 3%。

销售该房地产不含税销售额为 1110÷（1 ＋ 11%）=1000（万元）

销项税额为 1110÷（1 ＋ 11%）×11%=110（万元）

方案一：供应商 A 是增值税一般纳税人，该批材料的不含税价格为 100 万元，税费为 17 万元，开具增值税专用发票。

进项税额为 50 ＋ 17=67（万元）

应缴增值税税额为 110-67=43（万元）

应缴城建税及教育费附加为 43×（7% ＋ 3%）=4.3（万元）

该项目产生利润为 1000-600-4.3=395.7（万元）

方案二：供应商 B 是增值税小规模纳税人，可以开具

增值税专用发票，该批材料不含税价格相对便宜，为 90 万元，则

购进该批材料的进项税额为 90×3%=2.7（万元）

当月可抵扣进项税额为 50 + 2.7=52.7（万元）

应缴纳增值税税额为 110-52.7=57.3（万元）

应缴城建税及教育费附加为57.3×(7% + 3%)=5.73(万元)

该项目产生利润为 1000-(500 + 90)-5.73=404.27(万元)

由以上分析可知，方案一与方案二相比，产生的利润减少 8.57 万元，若基于企业利润最大化的目标，应选择供应商 B。故选择供应商时，需综合考虑可抵扣的进项税额与购进成本价格对利润的整体影响。

筹划技巧：

选择供应商将通过价格和是否能够开具增值税专用发票来进行进项税额抵扣，影响企业成本和城建税及教育费附加影响企业利润，故可以通过计算“采购比价平衡点”[①]的方法，选择合适的供应商。

假设某房地产企业某一项目需购进一批材料，一般纳税人供应商（税率 17%）含税售价为 X，附加税费率为 10%（含城建税和教育费附加）；小规模纳税人（征收率 3%）含税售价为 Y，附加税费率为 10%（含城建税和教育费附加）。房地

① 李志远．“营改增”后的采购比价平衡点 [EB/OL].http://www.shui5.cn/article/4f/86666.html,2016.

产企业为一般纳税人，该项目不含税销售额为S，适用11%税率。则平衡点的比价为：

$$S-\frac{X}{1+17\%}-\left(S\times 11\%-\frac{X}{1+17\%}\times 17\%\right)\times 10\%$$
$$=S-\frac{Y}{1+3\%}-\left(S\times 11\%-\frac{Y}{1+3\%}\times 3\%\right)\times 10\%$$

即：

$$-\frac{X}{1+17\%}+\frac{X}{1+17\%}\times 17\%\times 10\%=-\frac{Y}{1+3\%}+\frac{Y}{1+3\%}\times 3\%\times 10\%$$

可以算出$\frac{Y}{X}$=86.8%。从该平衡点可知：（1）平衡点的计算与购买方的适用税率和销售额的大小无关；（2）当小规模纳税人含税售价大于一般纳税人含税售价的86.8%时，企业选择一般纳税人作为供应商，能获得更大利润。反之亦然。

结合上例考虑，供应商B（小规模纳税人）含税售价为92.7万元，供应商A（一般纳税人）含税售价为117万元，B的含税售价为A的79.23%，小于86.8%，故从供应商B购买该批材料将会得到更大利润。

三、税率筹划

（一）利用销售货物与建筑业适用税率的差异

部分房地产企业采用建筑施工业务全部外包的模式，在这种情况下，企业在制定与建设安装工程、装潢工作息息相关的合同时，需要尽最大努力把“甲供材”方式作为最终结果，明确房地产企业的采购材料的比例。向一般纳税人购买货物的税率是17%，建筑业的税率是11%，在政策允许的情况下，应利用不同纳税对象税率不同的差异，减轻企业的税收负担。

【案例15-2】 假设工程合同总值为3330万元，现改为施工合同2220万元、甲供材合同1110万元。

则原合同进项税额为：

$$3330 \div (1+11\%) \times 11\% = 330\text{（万元）}$$

现合同进项税额为：

$$2220 \div (1+11\%) \times 11\% + 1110 \div (1+17\%) \times 17\% = 381\text{（万元）}$$

增加可抵扣进项税额为：$381-330=51$（万元）

筹划技巧：

如果采取工程全包方式，进项税率将为11%，如果主要施工材料选取"甲供材"方式，则由甲方提供的材料进项税率为17%，其他施工费用进项税率为11%。

（二）利用不动产转让与现代服务业适用税率的差异

房地产企业可以成立多家业务相互关联的关联公司，分拆收入，切割利润，不仅能够降低收入进而影响土地增值税，降低累进税率，以降低土地增值税税负；还能通过利用"营改增"后不同业务增值税的税率，只要分拆后的业务对应增值税税率小于房地产业税率，则能够减少企业整体销项税额，降低增值税税负和对企业利润的影响。

【案例15-3】 房地产企业可以成立物业公司，降低一定比例的房价，同时业主将得到的优惠以物业费的形式交到与开发商关联的物业公司。由于物业服务收费属于“现代服务业”，按6%的税率缴纳增值税，明显低于11%的不动产销售税率，因而可以在一定程度上降低企业税负。同样，内部机构的关联方应税业可以拆分为包括咨询、中介等服务机构。

（三）利用不动产租赁与现代服务业适用税率的差异

1. 通过物业服务转移部分不动产租赁收入

目前，已出现专门从事房屋租赁的公司，既出租房屋也负责为出租房屋提供物业管理服务。由于物业服务收费属于“现代服务业”，按6%的税率缴纳增值税，相较于11%的不动产租赁税率明显更低。因此，可以利用物业管理合同减低税负，即出租人可以通过提高物业服务的收费，降低房屋租赁的价格，达到少交税的目的。

2. 通过仓储业务代替租赁业务

仓储业务属于物流辅助业务，纳入现代服务业，适用6%的增值税税率，明显低于不动产租赁11%的增值税税率。并且，考虑到一般计税方法下，纳税人还需就预收款按3%的预征率纳税。

【提示】这个业务转化是有前提条件的，即承租人租赁房产的目的是用来堆放、储存物品，而且出租人在仓储合同下必须承担货物的保管责任，发生损失要承担赔偿责任，这也将给企业带来一定的经营风险。

（四）利用租赁税率与房产税税率的差异

根据我国目前的租赁情况来看，很多企业租赁的同时连房屋内部的设备（如机器、家具等）一同租赁，如车间、厂房、宾馆、门面房等房产的租赁业务，设备房屋一同租赁的现象更为普遍[①]。考虑到房产税的存在，对企业出租房屋需从租计征，按12%的税率缴纳房产税。若将租赁合同中将设备和房屋租金共同计入，相当于房屋内的设备也缴纳了房产税。而根据我国税法规定，对租赁房屋的内部附属设施并没有要求征收房产税，因此，房产租赁企业在出租时要将设备和厂房分开租，写入两份合同，那么就可以减少应纳税税额，从而达到降低税负的目的。

【案例15-4】某企业为增值税一般纳税人，2017年出租厂房和设备，租赁价格为462.87万元/年。在不考虑增值税进项税额的情况下，假设房地产行业增值税税率为11%，城市维护建设税税率为7%，教育费附加为3%。

方案1：企业签订一份租赁协议，租金462.87万元。

则将产生税费：

不含税租金为：462.87÷（1＋11%）=417（万元）

应缴增值税为：417×11%=45.87（万元）

房产税为：417×12%=50.04（万元）

① 王辉．试论"营改增"对房产租赁企业纳税筹划的影响[J]．中国集体经济，2016（3）．

城建税及教育费附加为：50.04×（7%＋3%）=5.004（万元）

企业所得税税前利润为：417-50.04-5.004=361.956（万元）。

方案2：企业签订两份租赁协议，其中厂房租赁价格333万元，设备租赁价格129.87万元。

厂房不含税租金为：333÷（1＋11%）=300（万元），应缴增值税为：300×11%=33（万元）

设备租赁不含税租金为：129.87÷（1＋17%）=111（万元），应缴增值税为：18.87万元；

房产税为：300×12%=36（万元）

城建税及教育费附加为：（33＋18.87）×（7%＋3%）=5.187（万元）

企业所得税税前利润为：（300＋111）-36-5.187=369.813（万元）

可见，方案1产生的税前利润将少于方案2的税前利润。虽然有形动产租赁税率17%大于房屋租赁11%的税率，但以有形动产租赁收取的价款能够规避以12%的税率征收的房产税。

四、利用税收政策的筹划

（一）利用新老项目税收政策差异进行税收的筹划

房地产新老项目适用不同的计税方法，新项目仅适用一般计税方法，老项目则可使用简易计税和一般计税方法。从计税方法的选择上，老项目明显具有更大的选择空间。

对通过预先测算、认为简易计税方法能给企业带来更大利益，或那些由于未能确定其所能够取得的进项税额等原因，导致尚不确定何种计税方式能够带来更大利益的房地产开发企业，可以选择以2016年4月30日之前的日期作为“合同开工日期”。

【案例15-5】假设某房地产企业于2016年4月30日前开发一普通住宅楼，工程已初步动工，但在整个开发项目中占比较小。企业预计以后可取得销售额1610万元（含税），项目成本为1050万元，其中土地价款500万元。已知房地产行业增值税税率为11%，城市维护建设税税率为7%，教育费附加为3%（土地增值税的计算不考虑项目费用）。

方案一：企业选择一般计税方法

增值税销项税额为：(1610−500)÷(1＋11%)×11%=110（万元）

不含税销售额为：1610−110=1500（万元）

应纳增值税税额为：110−55=55（万元）

应缴城建税及教育费附加为：110×(7%＋3%)=11(万元)

土地增值额为：1500−1050×(1＋20%)−11=229(万元)；

增值率为：229÷1271=18.02%＜20%，享受土地增值税免税政策。

故该方案下，项目产生利润为：1500−1050−11=439（万元）

方案二：企业选择简易计税方法

增值税销项税额为：1610÷(1＋5%)×5%=76.67(万元)

不含税销售额为：1610−76.67＝1533.33（万元）

进项税额不可抵扣，应纳增值税税额为 76.67（万元）；

应缴城建税及教育费附加为：

76.67×（7%＋3%）＝7.67（万元）

土地增值额为：

1533.33−1050×（1＋20%）−7.67=265.66（万元）

增值率为：

265.66÷[1050×（1＋20%）＋7.67]=20.95%＞20%

不能享受土地增值税免税政策，应缴纳土地增值税为 265.66×30%＝79.7（万元）；

该方案下，项目产生利润为：

1533.33−1050−79.7−7.67=395.96（万元）

该房地产企业选择一般计税方法将获取更大的利润。

筹划技巧：

在不存在进项税额可以抵扣的情况下，上述案例中，一般计税方法仍然能产生较大收益，这可能是受到了企业土地价款、房产开发类型以及相应的土地增值税的共同影响。故就老项目而言，计税方法的选择，除考虑取得的进项税额外，还需综合考虑其他多种因素，主要有以下几个方面。

（1）房地产开发公司主要开发的房产类型。

对于住宅类房产，主要针对自然人消费者，一般没有对进项税额抵扣的需要，故其对房地产企业是否采用简易计税方法的要求较低。而若对商业房产，主要针对增值税一般纳税人，由于房地产价格高，若能取得进项税额将会给企业带来大量增值税的扣减，故一般倾向于向具有一般纳税人身份的房地产开发公司购买房产。

（2）土地价款的影响。

如果老项目采取简易计税方法，则不能适用扣除土地成本的规定。因此，对于土地成本占比较大的项目，在选择计税方法时尤其需要重点考虑这一点。

（3）可抵扣进项税额的大小。

（4）对存在方法选择空间的老项目可以通过判断老项目具体阶段、预计销售额和可取得的进项税额，考虑两种计税方法的管理要求，进行合理选择。具体可以分以下几种情况考虑。

①营改增前已经开发完毕的楼盘项目，但未销售完毕，“营改增”之后继续销售的老项目，由于无法抵扣进项税额，建议选择简易计税方法，给购买方开具增值税普通发票。

②“营改增”之前，房地产企业已经进行了项目的立项、报建、审批和规划等法律手续，且已经与建筑企业签订了建筑施工总承包合同，并办理《建筑工程施工许可证》，工程已经动工，“营改增”后，继续开发的项目，一定是老项目，增值税计税方法的选择应分两种情况：

一是如果已经开发的项目在整个开发项目中占的比例很小，成本发票还没有收到，并且存在大量的成本发票可以抵扣增值税，则建议选择增值税一般计税方法，按照11%的税率计算增值税。

二是如果已经开发的项目在整个开发项目中所占的比例较大，已经收到了大部分成本发票（是增值税普通发票和建筑业营业税发票），增值税进项税可以抵扣部分较少，则建议选择简易计税方法。

（二）利用税收优惠政策筹划

1. 利用个人转让二手房的税收优惠政策

个人买卖不动产则可通过持有期限进行筹划，对于有意愿出卖住房的个人而言，可以通过延长持有期至 2 年以上，合理降低增值税税负。

【案例 15-6】假设甲 2016 年 1 月 1 日购买一套普通住房价款为 100 万元，由于工作地点改变等原因，甲于 2018 年 6 月 1 日欲售出该套住房，且已找到买家。则可以有以下几个方案可供选择。

方案 1：甲选择在 2018 年 6 月 1 日以 163 万元的价格出售之，则需要交纳增值税为：

$$(163-100)\div(1+5\%)\times 5\%=3（万元）$$

方案 2：甲选择推迟卖出该套住房的时间至 2019 年初，在 2018 年 6 月至 2019 年初期间，可以通过不动产租赁的方式将住房租赁给买家，每月收取 5000 元租金，再于 2019 年初以 160 万元出售。这项租金仅需要交纳增值税为：

$$5000\div(1+5\%)\times 1.5\%\times 6=428.57（元）$$

案例点评：

可利用个人转让二手房免税政策合理降低增值税税收

负担，在此等待期间，可以通过不动产经营租赁方式取得部分现金。

2. 制定销售价格时结合考虑土地增值税税收优惠政策

基于房地产市场的供求情况，结合房地产交易双方的市场地位和谈判能力，实施必要的策略，以通过交易双方的价格谈判对不动产销售或出租价格进行合理调整，实现增值税税负的合理转移与分配。

但要注意的是，并非销售价格制定得越高，能给企业带来的利润就越大。实施“营改增”后，增值税和土地增值税将成为房地产企业主要涉及的税种。土地增值税的税负高低与房地产增值率的大小密切相关，企业收到的全部价款扣除增值税后的不含税销售额才能用于计算土地增值率，考虑到房地产业征收增值税后，税率预计变为 11%，且增值税为价外税，将对销售额产生较大影响，进而影响了土地增值税的增值率，导致土地增值税税负发生变化。故“营改增”后企业在制定相关销售价格时，除了要考虑各项成本费用外，还要注意不含税增值额与扣除项目的关系，利用税率的“临界点”[①]，合理降低销售价格，尽可能将增值率压低至 20% 以下，减少土地增值税税负，最大化企业利润。

① 税法规定，纳税人建造普通标准住宅出售，增值额（转让收入减除税法规定的扣除项目金额后的余额）未超过扣除项目金额 20%，免征土地增值税；增值额超过扣除项目金额 20%，应就其全部增值额按规定计税。

【案例 15-7】假设某房地产企业建造并出售普通标准住宅，取得销售收入 2220 万元，除"与转让房地产有关税金"外，可扣除项目金额为 1600 万元。该企业适用增值税税率 11%、城市维护建设税税率 7%，教育费附加 3%。不考虑其他税费和成本加计扣除，则根据上述资料，该房地产开发企业应缴纳的各项税金计算如下：

1. 当销售收入为 2220 万元时：

增值税为：2220÷（1＋11%）×11%=220（万元）

城市维护建设税为：220×7%=15.4（万元）

教育费附加为：220×3%=6.6（万元）

土地增值税：

上述与房地产转让有关的可扣除税金合计 22 万元，扣除项目金额合计为：1600＋22=1622（万元）

增值额为：2000-1622=378（万元）

增值率为：378÷1622=24.8%＜50%

应纳土地增值税为：378×30%=113.4（万元）

则该笔销售扣除相关税费后利润为：

2000-1600-22-113.4=264.6（万元）。

2. 当取得销售收入 2109 万元，其他情况不变时：

增值税为：2109÷（1＋11%）×11%=209（万元）

城市维护建设税为：209×7%=14.63（万元）

教育费附加为：209×3%=6.27（万元）

土地增值税：

上述与房地产转让有关的税金合计20.9万元，扣除项目金额合计为：1600＋20.9=1620.9（万元），

增值额为：1900－1620.9=279.1（万元）

增值率为：279.1÷1620.9=17.2%＜20%

根据规定，纳税人建造普通标准住宅出售，其增值额未超过扣除项目金额之和20%的，免征土地增值税。

则该笔销售扣除相关税费后利润为为：

1900－1600－20.9=279.1（万元）。

当调低销售价格111万元时，利润不减反增，将增加14.5万元。

筹划技巧：

税收筹划应力求整体效益最大化，在“营改增”过程中，房地产业企业不仅应关注增值税和企业收入的大小，同时需着眼于企业整体涉及税种的相关政策。合理利用其他税种的税收优惠政策，最大化企业整体利润。

3. 利用资产重组的不征税政策

财税〔2016〕36号文的附件2规定：在资产重组过程中，通过合并、分立、出售、置换等方式，将全部或者部分实物资产以及与其相关联的债权、负债和劳动力一并转让给其他单位和个人，其中涉及的不动产、土地使用权转让行为属于增值税不征税项目。利用该条款，通过资产重组方式转让不动产，可以降低企业增值税税负。除此之外，还能够规避土

地增值税[①]、契税[②]等。

【案例 15-8】[③]A 企业为房地产企业，B 公司欲购买该房产。假设企业取得该项房产向政府支付的土地价款为 888 万元，厂房连同土地的账面价值为 1200 万元，厂房评估价值为 400 万元。B 公司出价 9990 万元（含税）。已知房地产行业增值税税率为 11%，城市维护建设税税率为 7%，教育费附加为 3%。不考虑进项税额，税负计算仅考虑增值税、土地增值税和企业所得税。有以下两种方案。

方案 1：A 以 9990 万元的价格直接将房产转让给 B 公司。在该方案下，

A 公司需负担增值税为：

（9990-888）÷（1 + 11%）×11%=902（万元）。

城建税及教育费附加为：902×（7% + 3%）=90.2（万元）；

土地增值税扣除额为：888 + 400=1288（万元）；

增值额为：9000-（888 + 400）-90.2=7621.8（万元）；

增值率为：7621.8÷1288=5.92 ＞ 200%；

① 财税〔1995〕48 号 . 财政部、国家税务总局关于土地增值税一些具体问题规定的通知 .

② 财税〔2015〕37 号 . 财政部、国家税务总局关于进一步支持企业事业单位改制重组有关契税政策的通知 .

③ 资料来源：http://wenku.baidu.com/link?url=JvrrauqvIQV9W-RT9kgCtf-Ru-tm0ETUkxhHGMPYIg558Kb1xSFhneMkdiSKLWYJvLcUZ3A72Zf0Py2nS01qk0TJVxbS8LMKgj0s_2bucDu.

土地增值税为:7621.8×60%−1288×35%=4122.28(万元)。

方案2:成立一个全资子公司C,由C持有该房产,B公司再以吸收合并方式合并C公司。假设当时C公司资产账面价值为2200万元,现金为1000万元,厂房和土地账面价值为1200万元,公允价值为9000万元;负债账面价值与计税基础和公允价值皆为1000万元;实收资本为800万元,留存收益为400万元。B公司支付C公司为1000万股,公允价值为9元/股的股份,A公司对B公司投资的计税基础为800万元。

在该方案下,

C公司企业所得税无须缴纳增值税、城建税及教育费附加、土地增值税。若经过协商采用一般性税务处理方式进行企业合并的所得税处理,则C公司进行清算。

清算所得为:9000−1200=7800(万元);

C公司应交企业所得税为:7800×25%=1950(万元)。

A公司股权转让应缴纳企业所得税:

清算所得产生留存收益为:7800−1950=5850(万元);

总留存收益为:400+5850=6250(万元);

华美公司应确认的股息收益为6250万元,该股息所得免征企业所得税,股权转让所得为:

9000−800−6250−1950=0(万元)。

可见,方案2相较于方案1能带来更低的税负。

五、业务类型的筹划

（一）利用精装房筹划

据统计数据显示，目前在一二线城市，精装修住房比例已经达到新房成交总量的30%，一些品牌房企的精装修住房占比已经达到较高水平。在“营改增”之后，房企开发精装房的所有进项全部可以抵扣，因此企业肯定会倾向于开发进项税额较多的楼盘类型（可以通过成本价出售，不增加企业所得税、同时相较于营业税时期，增值税也可以抵扣，不增加增值税负和附加税）。

筹划技巧：

房地产开发企业大幅提高精装修房比例将会是一种比较流行的方式，此举有利于取得更多的固定资产和物料的增值税发票，从而增加可抵扣数额。与此同时，可以利用土地增值税税收优惠政策，通过加大建筑安装成本，增加扣除项目金额，将土地增值率降低到20%以下，即可免征土地增值税。

（二）多样化房产类型

税负转嫁难易也会对房地产企业增值税税负造成一定影响。

国家近年来对房地产的调控力度较大，房价趋于市场化。普通住宅价格近一年来环比下降幅度较大，“营改增”后，房地产开发企业的高税负很难通过价格转嫁给住宅消费者，企业自身可能需负担部分增值税，使企业利润下降。这就要求房地产开发企业多角度看待产品多样化的问题，定价权多掌握在开发商手中，而且商业地产的消费者通过获得地产的增值税发票，可以进行抵扣，降低税负，所以房地产开发企业可以通过增加面对企业客户的销售，这样商业地产需求量较大，就可以转嫁部分高额税负，降低相关成本。

筹划技巧：

关注“营改增”条件下竞争对手的不同，有的放矢地调整营销策略，从而提高企业的竞争优势。房地产企业可以利用进项税额抵扣优势扩展业务范围，实现业务升级。由传统住宅地产向多元化房地产、相关领域扩张，在开发一般房地产的同时，投资零售商业、保障性住房、商业地产等，使之成为新的业务增长点。此外，销售多种类型房产也更有利于房地产行业抵御市场风险[①]。

提示：在确定价格后，增值税税额一定的情况下，各类房产增值率不尽相同，房地产企业可以对各个开放项目的成本进行必要调整，将成本向增值率较高的项目倾斜，尽量降低各个开发项目的增值率，降低土地增值税税负。

① 张伟巍．“营改增”后房地产企业的税务筹划 [J]. 当代经济，2015（17）．

可以考虑以下成本分拆的方法[①]：商业地产多分配商业广场或外便道的土地成本；商业地产和住宅项目分别签订建造合同，利用合同合理拆分成本项目；装修费用一般只分配给商业地产项目；对于建造的与住宅项目连在一起的底商，可以考虑按照“层高系数建筑面积法”分配建安成本等。

（三）不动产销售与出租的选择

房地产企业对不动产既可对外销售也可留作自用，如不动产经营租赁。

在我国现行税制下，“营改增”后，房地产企业销售不动产将涉及以下税费：增值税、土地增值税、印花税、企业所得税和城市维护建设税以及教育费附加；不动产经营租赁将涉及以下税费：增值税、房产税、企业所得税、印花税以及城镇土地使用税、城市维护建设税以及教育费附加。

两者的主要差别在于土地增值税、房产税、印花税适用税目、税率的不同等。不动产出租和销售主要各有以下好处。

就不动产出租而言，首先，可以延迟增值税现金流出：不动产租赁款相较于销售额会更低，不动产转让可能以房产销售额为计税依据一次性或分期缴纳。故在同一时间内，不动产销售将会带来更大的现金流出，从这一角度，不动产租

① 蔡昌．税收筹划理论与实务 [M]. 北京：中国财政经济出版社，2014.

赁有利于延迟增值税的流出。其次，能够降低企业整体税负：在不动产利润较高的情况下，将会带来较高的企业所得税和土地增值税，故若选择出租行为，所负担的城镇土地使用税、房产税将会小于销售所需负担的土地增值税。

就不动产销售而言，首先，一定程度上减少进项税额对资金占用，由于不动产建造过程中将带来较多的进项税额，而租赁业务带来销项税额较少，难以完全抵减进项税额，就可能导致一部分企业资金以未抵扣进项税额的形式被占用。其次，能够降低企业税负，在不动产利润很低的情况下，如果选择销售行为，将面临少量增值税，若开发房产为普通标准住宅，则还可能免缴土地增值税。故在此情况下，与出租面临 12% 的房产税相比，不动产销售将比出租带来的企业税负低。此外，房地产企业还可以扣除土地价款，因而可大幅度减少增值税销项税额。

【案例 15-9】甲房地产开发公司开发一项商业房产，占地面积为 30 000 平方米，总成本为 20 000 万元，其中土地价款为 11 100 万元。该企业适用增值税税率为 11%、城市维护建设税税率为 7%，教育费附加为 3%，城镇土地使用税为 3 元 / 平方米。

方案一：将该不动产对外销售，取得销售收入 66 600 万元；

方案二：将该不动产对外出租，每年租金为 3330 万元，出租 20 年（不考虑时间价值）。该房产在 20 年内按直线法折旧。

则方案一与方案二应交税费对比：

税种	方案一	方案二
增值税	(66600-11100)÷(1＋11%)×11%=5500	3330÷(1＋11%)×11%=330
不含税销售额	66600-5500=61100	3330÷(1＋11%)=3000
城市维护建设税与教育费附加	550×（7%＋3%）=55	3300×(7%＋3%)=33
印花税	61100×0.05%=30.55	3000×0.1%=3
土地增值税	61100-20000×（1＋20%）-55-30.55=36519.45 36519.45÷（20000×（1＋20%）＋55＋30.55）=148%＜150% 36519.45×40%-（20000×（1＋20%）＋55＋30.55）×15%=14572.64	—
房产税	—	3000×12%=360
城镇土地使用税	—	3×3=9
税后利润(年均)	(61100-14572.64-30.55-550-20000)×(1-25%)÷20=973	(3000-33-3-360-9-20000÷20)×(1-25%)=1196.25

筹划技巧：

从税负角度考虑，销售的利润越高，租金越低，则采用出租方式越有利。但是房地产业对不动产的持有或销售决策还需要考虑企业现金流、供求关系和价格波动等因素。

（四）售后返租的筹划

房地产售后返租模式是指房地产开发企业将所售商品房出售给投资者，同时与投资者签订承租协议，将房产交由房地产企业统一经营，并以承租期间投资者可得到一定租金回报，返租期满后，投资者可以自由处置物业的一种投资方式。

售后返租模式存在两种出租关系。一个关系是购房者将房屋出租给企业，“营改增”后，若不考虑房产税、印花税等，购房者需缴纳增值税（若为小规模纳税人，则适用 5% 税率；若为一般纳税人，则为 11% 的税率）；第二层关系为房地产企业出租房产给使用者，房地产企业也需要缴纳增值税。从此可知，售后返租活动或将面临课征两道增值税的情况。房地产企业可采用合理的方法将其变为一层出租关系。

【案例 15-10】甲房地产开发企业为增值税一般纳税人，开发一项商业地产，2017 年完工，并准备采取售后返租模式销售，购买者（假设均为一般纳税人）购买后 3 年内每年可取得房款 10% 的租金，房地产企业销售收入为 10 000 万元（不含税），实际对外出租年租金为 1221 万元。

则该售后返租业务购买者负担增值税为 10 000×10%×11%=110（万元），城建税及教育费附加为 11 万元。

房地产企业需缴纳增值税为 1221÷（1 + 11%）×11%=121（万元），取得进项税额为 110 万元。则就该项业务，需纳税 11 万元，产生城建税及教育费附加 1.1 万元。

若甲企业成立一家物业管理公司，各购房者在购房时，由物业公司与购房者另外签订委托代理租房协议。将 1100 万元的不含税租金分解为代购买方收取的租金 1000 万元和物业公司代理手续费 100 万元。

那么，购买者将负担的增值税仍不变，但物业公司按“现代服务业”的 6% 税率缴纳增值税，会产生增值税额 6 万元，城建税及教育费附加 0.6 万元。

除税率差异外，若考虑缴纳房产税或购房者为适用 5% 征收率的小规模纳税人、个体户和其他个人的情况，则可节约更多税款。

筹划技巧：

将房地产企业与购房者的出租关系变为代理关系。一方面，规避了一部分房产税；另一方面，避免购房者为小规模纳税人而仅可能取得小额进项税额抵扣的情况。但由于售后返租成本较高，因而将给房地产企业带来一定的经营风险，采用售后返租应当对企业的经营方式、利润等进行合理性评估。

六、汇总纳税的筹划

与一般生产经营活动不同的是，房地产业存在预售制度，即房地产开发商先取得一部分预售款，在具有一定比例的资金后，再投入项目建设施工中。但在房地产业“营改增”

后，其收到预收款后需按 3% 的预征率缴纳增值税。这就将导致企业在通过建造、采购材料等活动取得进项税额之前，会产生大量销项税额无从抵扣的问题。并且，考虑到房地产企业建设周期较长，一个项目期间可能将产生大量增值税进项税额，而可能没有对应的销项税额能够抵扣，出现占用资金的问题。

因此，可以考虑一个公司下进行多个项目，使该企业各项目的进项、销项税额能够合理匹配抵减，降低增值税税负。

【提示】也可以考虑通过合理推延房产预售时间，在取得一定进项税额后再收取预收款，减少对资金的占用。

建筑、房地产业“营改增”特殊问题解答

建筑业

一、建筑工程总、分包合同中新老项目如何划分？

解答：以总包合同为准，如果总包合同属于老项目，分包合同也应视为老项目。

二、企业提供建筑服务，同时提供建筑中所需要的建材（如钢架构等）如何缴税？

解答：按照混合销售缴纳增值税，按企业经营的主业确定适用税率。

三、一般纳税人选择适用简易计税可否开具增值税专用发票？

解答：一般纳税人提供建筑服务选择适用简易计税可按3%征收率开具增值税专用发票。

四、建筑服务如何确认纳税义务发生时间？

解答：《营业税改征增值税试点实施办法》第四十五条规定，增值税纳税义务、扣缴义务发生时间为：

（一）纳税人发生应税行为并收讫销售款项或者取得索取销售款项凭据的当天；先开具发票的，为开具发票的当天。

收讫销售款项，是指纳税人销售服务、无形资产、不动产过程中或者完成后收到款项。

取得索取销售款项凭据的当天，是指书面合同确定的付款日期；未签订书面合同或者书面合同未确定付款日期的，为服务、无形资产转让完成的当天或者不动产权属变更的当天。

（二）纳税人提供建筑服务、租赁服务采取预收款方式的，其纳税义务发生时间为收到预收款的当天。

五、甲供材料是否计入建筑服务销售额？

解答：（一）如果甲供材作为工程款的一部分，甲方采购后交给建筑企业使用，并抵减部分工程款（比如，工程款1000万元，甲方实际支付600万元，剩余400万元用甲供材抵顶工程款）。则甲方用甲供材抵顶工程款，属于有偿转让货物的所有权，应缴纳增值税；甲方征税后，建筑企业可以获得进项税额正常抵扣。

（二）如果甲供材与工程款无关，甲方采购后交给建筑企业使用，并另行支付工程款（比如，工程款600万元，甲供材400万元）。则建筑企业仅需就实际取得的工程款600万元计提销项税额即可，即建筑企业的计税依据中不包括甲供材。

六、“营改增”后跨县（市、区）提供建筑服务如何预缴税款和进行纳税申报？

解答：根据《国家税务总局关于发布〈纳税人跨县（市、区）提供建筑服务增值税征收管理暂行办法〉的公告》（国家税务总局公告2016年第17号）的规定：“纳税人跨县（市、区）提供建筑服务，按照以下公式计算应预缴税款：

（一）适用一般计税方法计税的

$$应预缴税款=(全部价款和价外费用-支付的分包款)\div(1+11\%)\times 2\%$$

（二）适用简易计税方法计税的

$$应预缴税款=(全部价款和价外费用-支付的分包款)\div(1+3\%)\times 3\%$$

纳税人取得的全部价款和价外费用扣除支付的分包款后的余额为负数的，可结转下次预缴税款时继续扣除。纳税人应按照工程项目分别计算应预缴税款，分别预缴。”

“纳税人跨县（市、区）提供建筑服务，应按照财税

〔2016〕36号文件规定的纳税义务发生时间和计税方法，向建筑服务发生地主管国税机关预缴税款，向机构所在地主管国税机关申报纳税。”

小规模纳税人跨县（市、区）提供建筑服务，以取得的全部价款和价外费用扣除支付的分包款后的余额，按照3%的征收率计算应预缴税款。月销售额不超过3万元（按季纳税9万元）的小规模纳税人，不需要预缴。

七、总分包工程项目如何开票和申报？

解答：根据《财政部、国家税务总局关于全面推开营业税改征增值税试点的通知》（财税〔2016〕36号）规定，纳税人可按照其取得的全部价款和价外费用全额开具发票，适用一般计税方法的应全额向机构所在地主管国税机关申报纳税；适用简易计税方法的可扣除分包款后向机构所在地主管国税机关申报纳税。跨县（市）提供建筑服务的，应向建筑服务发生地主管国税机关预缴税款后，回到机构所在地按上述方法申报纳税。

根据《国家税务总局关于发布〈纳税人跨县（市、区）提供建筑服务增值税征收管理暂行办法〉的公告》（国家税务总局公告2016年第17号）规定：“小规模纳税人跨县（市、区）提供建筑服务，不能自行开具增值税发票的，可向建筑服务发生地主管国税机关按照其取得的全部价款和价外费用申请代开增值税发票。”

八、增值税专用发票认证抵扣期限是如何规定的？

解答：根据《国家税务总局关于调整增值税扣税凭证抵扣期限有关问题的通知》（国税函〔2009〕617号）的规定：“增值税一般纳税人取得2010年1月1日以后开具的增值税专用发票、公路内河货物运输业统一发票和机动车销售统一发票，应在开具之日起180日内到税务机关办理认证，并在认证通过的次月申报期内，向主管税务机关申报抵扣进项税额。”

九、纳税人跨县（市、区）提供建筑服务，未按规定预缴增值税如何处理？

解答：根据《国家税务总局关于发布〈纳税人跨县（市、区）提供建筑服务增值税征收管理暂行办法〉的公告》（国家税务总局公告2016年第17号）的规定：“纳税人跨县（市、区）提供建筑服务，应按照财税〔2016〕36号文件规定的纳税义务发生时间和计税方法，向建筑服务发生地主管国税机关预缴税款，向机构所在地主管国税机关申报纳税。”

“纳税人跨县（市、区）提供建筑服务，按照本办法应向建筑服务发生地主管国税机关预缴税款而自应当预缴之月起超过6个月没有预缴税款的，由机构所在地主管国税机关按照《中华人民共和国税收征收管理法》及相关规定进行处理。”

十、一般纳税人在登记当月取得的增值税发票是否允许抵扣进项税额？

解答：根据《国家税务总局关于纳税人认定或登记为一般纳税人前进项税额抵扣问题的公告》（国家税务总局 2015 年第 59 号公告）第一条规定：“纳税人自办理税务登记至认定或登记为一般纳税人期间，未取得生产经营收入，未按照销售额和征收率简易计算应纳税额申报缴纳增值税的，其在此期间取得的增值税扣税凭证，可以在认定或登记为一般纳税人后抵扣进项税额。”

除上述规定外，增值税一般纳税人取得的合法有效增值税扣税凭证的开具日期应大于等于其一般纳税人资格有效期起的日期。

十一、建筑工程老项目如何确定？

解答：《营业税改征增值税试点有关事项的规定》中规定，建筑工程老项目是指：

（1）《建筑工程施工许可证》注明的合同开工日期在 2016 年 4 月 30 日前的建筑工程项目；

（2）未取得《建筑工程施工许可证》的，建筑工程承包合同注明的开工日期在 2016 年 4 月 30 日前的建筑工程项目。

对于现实中存在的《建筑工程施工许可证》以及建筑工程承包合同都没有注明开工时间的情况，按照实质重于形式的原则，只要纳税人可以提供 2016 年 4 月 30 日前实际已开工的证明，就可以按照建筑工程老项目进行税务处理。

十二、建筑业和房地产业纳税人适用简易计税方法对象如何合理筹划？

解答：建筑业和房地产业按项目管理是基本原则，这是针对建筑业和房地产业行业特点专门做出的特殊政策安排，类似于货物增值税可以对部分产品选择适用简易或一般的计税方法，对建筑业和房地产业是利好政策。遵循这一原则，建筑企业和房地产企业一般纳税人是否适用简易计税方法，并非取决于自己的身份，而是以项目为对象的，只要是针对 2016 年 4 月 30 日前的老项目就可以选择简易计税方式计算缴纳增值税。

举例来说，一个建筑企业或房地产企业有 A、B 两个项目，A 属于老项目，B 属于新项目，A 项目适用简易计税方法并不影响 B 项目选择一般计税方法。

十三、纳税人提供建筑服务增值税发票开具需要注意哪些事项？

解答：除增值税发票开具一般规定外，纳税人提供建筑服务开具增值税发票还需注意：应在发票的备注栏注明建筑服务发生地县（市、区）名称及项目名称。

十四、建筑业纳税人外出经营如何进行临时税务登记?

解答：建筑企业跨县区提供建筑服务，在地税部门管理时，持外管证在劳务发生地办理报验登记，就地缴纳税款并代开发票。营改增后，对跨县区提供建筑服务，基本沿袭了营业税下的管理方式，也是持外管证在劳务发生地预缴税款，回机构所在地申报。因此，在移交确认过程中，对这类纳税人的报验登记信息不必进行登记确认，也不必登记为增值税一般纳税人，对于已经办理登记确认信息的纳税人，需要对登记确认信息予以删除。

十五、多项目施工能否采用汇总纳税方法进行进项税额抵扣?

解答：国家税务总局2016年公告17号文件和财税〔2016〕36号，建筑企业采用总公司直接管理项目部的情况，不同项目之间可以交叉抵扣增值税。采用一般计税方法的施工企业，是在工程施工所在地按2%预交增值税，按简易征收方法计税的施工企业，工程所在地按3%预交增值税，所以多项目施工，可以汇总不同项目的进项税在公司注册所在地抵扣进项税。

十六、资质共享与增值税抵扣办法有何冲突?

解答:资质共享指建筑企业通过总公司的资质中标工程拿给公司旗下各不同子公司施工,“营改增”后,增值税纳税地点回到公司注册所在地,必须以总公司名义建账,所有收支通过总公司来实施。

十七、清包工建筑工程和甲供工程在销售额的确定上营改增前后有何重大变化?对建筑和房地产公司有何影响?

解答:“营改增”后,清包工和甲供材料工程有一些变化,甲供材的销售额的确定是按建筑企业向业主收取的货款来计算,按差额来计算;比如说建筑工程 1000 万元,甲供材 200 万元,施工企业的销售额为 1000-200=800 万元;以 800 万作为销售额,清包工也是按分包额从总包收取的价款作为销售额的计税依据。

十八、施工企业多数是按照施工进度收款的,怎么来界定增值税纳税义务的发生时间?

解答:收款就发生增值税纳税义务。纳税义务发生时间要按照合同规定的观点是错误的。比如合同中规定某个时间结构封顶,甲方付款 50%,这个时间才发生了纳税义务,这种观点是不对的,没有付款就没有纳税义务。

十九、“先开发票，后给工程款”是建筑企业在实际操作中经常遇到的问题，在新增值税环境下有何风险？

解答：建筑企业不能给甲方提前开发票。举例来说，7月份开的发票要在8月15日以前报税，如果到7月29日甲方还没付款，就会产生虚开发票的风险。因此，必须要和甲方商定好开票时间和付款条件。

二十、原来的项目是老项目，但后面又有新的分包，新的分包合同是后签的，分包要按照老项目还是新项目来核定？

答：税法规定，一般纳税人为老项目提供建筑服务，界定的是项目，不是总包和分包。也就是说，项目是老项目，分包就一定是老项目，不管什么时候进场，都是在为老项目提供服务。但深圳和北京的规定与此不同。深圳的政策规定，总包、分包分别按开工日期来核算。北京的政策规定，对于没有施工许可证的项目，总包是老项目的，分包如果是5月1号以后开工的，要按新项目核算。

二十一、建筑服务的纳税义务时间如何确定？

解答：分为以下五种情况：

（1）先开具发票的，为开具发票的当天；

（2）在提供建筑服务之前收到款项的，即收到预收款时，为收到预收款的当天；

（3）提供建筑服务过程中或之后收到款项的，即收到工程进度款时，为收到工程进度款的当天；

（4）提供建筑服务过程中或之后，甲乙双方在书面合同中约定付款日期的，为书面合同确定的付款日期当天；

（5）未签订书面合同或者书面合同未确定付款日期的，为建筑工程项目竣工验收的当天。

【案例1】2016年5月25日，A施工企业与甲公司签订工程承包合同，甲公司通知A企业将于近期付款111万元，要求A企业开具增值税发票，A企业当日开具发票111万元。6月16日，A企业收到工程款111万元。那么A企业的纳税义务发生时间是什么时间？

案例分析：

A企业于2016年5月25日发生纳税义务。因为，A企业先开具了发票，发票开具当天即为纳税义务发生时间。

【案例2】2016年5月18日，A施工企业与乙公司签订工程承包合同，乙公司向A企业预付工程款103万元，A企业于5月30日向乙公司开具发票103万元。那么A企业的纳税义务发生时间是什么时间？

案例分析：

A企业于2016年5月18日发生纳税义务。因为，在提供建筑服务之前收到款项的，即收到预收款时，收到预收款的当天为纳税义务发生时间。

【案例3】 2016年6月1日，A施工企业与乙公司签订工程承包合同，合同约定，施工期间工程款先由A企业垫付，竣工验收后10年内向A企业支付。2018年5月31日，工程竣工验收。施工期间，乙公司未支付款项，A企业也未向该公司开具发票。那么A企业的纳税义务发生时间是什么时候？

案例分析：

A企业最晚于2028年5月31日发生纳税义务，此前如有向甲方开具发票或提前收款情形，以开票或收款时间为纳税义务发生时间。

二十二、异地施工项目预缴税款遵循什么样的操作流程和要求？

解答：跨区域经营是建筑行业的基本特点，通常情况下，采用简易计税方法的项目

应预缴税款＝

（全部价款和价外费用－支付的分包款）÷（1+3%）×3%

采用一般计税方法计税的项目

应预缴税款＝

（全部价款和价外费用－支付的分包款）÷（1+11%）×2%

纳税人取得的全部价款和价外费用扣除支付的分包款

后的余额为负数的，可结转下次预缴税款时继续扣除。计算公式中扣除支付的分包款，应当取得以下凭证，否则不得扣除：从分包方取得的 2016 年 4 月 30 日前开具的建筑业营业税发票，可用至 2016 年 6 月 30 日；从分包方取得的 2016 年 5 月 1 日后开具的，备注栏注明建筑服务发生地所在县（市、区）、项目名称的增值税发票。

项目部预缴税款时，需提交以下资料：《增值税预缴税款表》、与发包方签订的建筑合同原件及复印件、与分包方签订的分包合同原件及复印件和从分包方取得的发票原件及复印件。

二十三、既从事钢结构等的生产销售，又提供安装、工程等建筑服务，是否属于混合销售?

解答：这里应把握两个原则：一是其销售行为必须是一项，二是该项行为必须即涉及服务又涉及货物。因此，对于钢构等企业，如果施工合同中分别注明钢构价款和设计、施工价款的，分别按照适用税率计算缴纳增值税；如果施工合同中未分别注明的，对于钢构生产企业应按照销售货物计算缴纳增值税，对于建筑企业购买钢构进行施工应按照建筑服务计算缴纳增值税。

二十四、建筑业纳税人外出经营如何办理临时税务登记?

解答：建筑企业跨县区提供建筑服务，在地税部门管理时，持外管证在劳务发生地办理报验登记，就地缴纳税款并代开发票。营改增后，对跨县区提供建筑服务，基本沿袭了营业税下的管理方式，也是持外管证在劳务发生地预缴税款，回机构所在地申报。因此，在移交确认过程中，对这类纳税人的报验登记信息不必进行登记确认，也不必登记为增值税一般纳税人，对于已经办理登记确认信息的纳税人，需要对登记确认信息予以删除。

房地产业

一、房地产开发公司销售房产时，土地价款如何扣除？

解答：房地产开发企业为取得土地使用权支付的费用包括土地出让金、拆迁补偿费、征收补偿款、开发规费等。其中，土地出让金是指各级政府土地管理部门将土地使用权出让给土地使用者，按规定向买受人收取的土地出让的全部价款。

房地产开发企业中的一般纳税人，销售房地产项目（选择适用简易计税方法的除外），计算销售额时允许扣除受让土地时向政府部门支付的土地价款，即将土地出让金列入差额扣除范围。

房地产开发企业中的一般纳税人，销售其开发的房地产项目（选择适用简易计税方式的除外），单独作价销售的配套设施，例如幼儿园、会所等项目，其销售额可以扣除该配套设施所对应的土地价款。

房地产开发企业中的一般纳税人，采取“旧城改造”方式开发房地产项目的，以取得的全部价款和价外费用为销售额，不得扣除直接支付给拆迁户的补偿款。

房地产开发企业从二级土地市场取得的土地使用权，凭取得的专用发票抵扣进项税额。

二、房地产开发企业计算缴纳增值税时，如何扣除进项税额？

解答：一般纳税人销售自行开发的房地产项目，兼有一般计税方法计税、简易计税方法计税、免征增值税的房地产项目而无法划分不得抵扣的进项税额的，应以《建筑工程施工许可证》注明的“建设规模”为依据进行划分。

不得抵扣的进项税额＝
当期无法划分的全部进项税额×（简易计税、免税房地产项目建设规模÷房地产项目总建设规模）

三、房地产开发企业的售楼处、样板间的进项税额如何抵扣？

解答：售楼处、样板间属于在施工现场修建的临时建筑物、构筑物，其进项税额可一次性抵扣。如果最终进行拆除，表明售楼部、样板间已经使用完毕，不需要做进项税额转出。

四、不动产投资是否属于增值税征收范围？

解答：纳税人以不动产对外投资，应按规定缴纳增值税。《营业税改征增值税试点实施办法》第十条规定："销售服务、无形资产或者不动产，是指有偿提供服务、有偿转让无形资产或者不动产。"《营业税改征增值税试点实施办法》第十一条规定："有偿，是指取得货币、货物或者其他经济利益。"以不动产投资，是以不动产为对价换取了被投资企业的股权，取得了"其他经济利益"，应当缴纳增值税。

五、车辆停放服务应按什么税目纳税？

解答：车辆停放服务属于不动产经营租赁范畴。

六、房地产开发企业销售精装修房所含装饰、设备是否视同销售？

解答：《营业税改征增值税试点实施办法》第十四条第二款规定，视同销售不动产的范围是："单位或者个人向其他单位或者个人无偿转让无形资产或者不动产，但用于公益事业或者以社会公众为对象的除外。"

房地产开发企业销售精装修房，已在《商品房买卖合同》中注明的装修费用（含装饰、设备等费用），已经包含在房价中，因此不属于税法中所称的无偿赠送，无须视同销售。

七、地下车位永久租赁行为如何适用增值税税目？

解答：《合同法》规定，租赁合同超过 20 年无效。对于永久租赁，属于永久使用权范畴，按财税〔2016〕36 号文件规定，应按销售不动产处理，适用 11% 的增值税税率。

八、房地产企业收取的定金、订金、诚意金、意向金是否属于预收款性质？

解答：定金、订金、诚意金、意向金属于房地产公司未开盘前收取的款项，财务上作为其他应收款，不作为预收款处理，没有增值税纳税义务。

九、没收的定金和违约金是否应当缴纳增值税？

解答：没收的定金和违约金，如果最后交易成交，则需缴纳增值税；如果交易没有成交，则不需要缴纳增值税。

还有一种观点，没收的定金和违约金，如果在建委备案了，应作为价外费用开具发票，缴纳增值税，如果没有备案，是不需要缴纳增值税。

十、房地产公司销售不动产如何确认纳税义务时间？

解答：《营业税改征增值税试点实施办法》第四十五条

规定，增值税纳税义务、扣缴义务发生时间为：纳税人发生应税行为并收讫销售款项或者取得索取销售款项凭据的当天；先开具发票的，为开具发票的当天。

纳税人发生应税行为是纳税义务发生的前提。房地产公司销售不动产，以房地产公司将不动产交付给买受人的当天作为应税行为发生的时间。

在具体交房时间的辨别上，以《商品房买卖合同》上约定的交房时间为准；若实际交房时间早于合同约定时间的，以实际交付时间为准。

以交房时间作为房地产公司销售不动产纳税义务发生时间，主要是基于以下几点考虑：一是可解决税款预缴时间与纳税义务发生时间不明确的问题；二是可以解决房地产公司销项税额与进项税额发生时间不一致造成的错配问题（如果按收到房屋价款作为纳税义务发生时间，可能形成前期销项税额大、后期进项税额大、长期留抵甚至到企业注销时进项税额仍然没有抵扣完毕的现象）；三是可以解决从销售额中扣除的土地价款与实现的收入匹配的问题。

十一、房地产开发企业的预收款范围如何界定？

解答：房地产开发企业的预收款，为不动产交付业主之前所收到的款项，但不含签订房地产销售合同之前所收取的诚意金、认筹金和订金等。

十二、房地产企业代收的办证费是否属于价外费用?

解答：房地产开发企业为不动产买受人办理“两证”时代收办证费，不属于价外费用的范围。

十三、房地产企业一般纳税人一次购地、分期开发的，其土地成本如何分摊?

解答：房地产企业一次性购地，分次开发，可供销售建筑面积无法一次全部确定的，按以下顺序计算当期允许扣除分摊土地价款：

（1）首先，计算出已开发项目所对应的土地出让金

已开发项目所对应的土地出让金 =
土地出让金 ×（已开发项目占地面积 ÷ 开发用地总面积）

（2）然后，再按照以下公式计算当期允许扣除的土地价款

当期允许扣除的土地价款 =
（当期销售房地产项目建筑面积 ÷ 房地产项目可供销售建筑面积）× 已开发项目所对应的土地出让金

当期销售房地产项目建筑面积，是指当期进行纳税申报的增值税销售额对应的建筑面积。房地产项目可供销售建筑面积，是指房地产项目可以出售的总建筑面积，不包括销售

房地产项目时未单独作价结算的配套公共设施的建筑面积。

（3）按上述公式计算出的允许扣除的土地价款要按项目进行清算，且其总额不得超过支付的土地出让金总额。

（4）从政府部门取得的土地出让金返还款，可不从支付的土地价款中扣除。

十四、小规模纳税人转让土地使用权如何计税？

解答：小规模纳税人将取得的土地使用权未经开发直接转让的，为销售土地使用权，以取得的全部价款和价外费用为销售额，按照 3% 的征收率计算应纳增值税税额。

小规模纳税人将取得的土地使用权经开发后转让的，为转让建筑物或者构筑物时一并转让其所占土地的使用权，按照销售不动产征收增值税，以取得的全部价款和价外费用为销售额，按照 5% 的征收率计算应纳增值税税额。

十五、房地产企业将建设的医院、幼儿园、学校、供水设施、变电站、市政道路等配套设施无偿赠送（移交）给政府的，是否视同销售？

解答：房地产企业将建设的医院、幼儿园、学校、供水设施、变电站、市政道路等配套设施无偿赠送（移交）给政府的，如果上述设施在可售面积之外，作为无偿赠送的服务用于公益事业，不视同销售；如果上述配套设施在可售面积之内，则应视同销售，征收增值税。

十六、房地产企业销售不动产的同时，无偿提供家具、家电等货物应如何征税?

解答：房地产企业销售不动产，将不动产与货物一并销售，且货物包含在不动产价格以内的，不单独对货物按照适用税率征收增值税。例如，随精装房一并销售的家具、家电等货物，不单独对货物按17%税率征收增值税。房地产企业购入的家具、家电等货物，可以抵扣购入的进项税额。

房地产企业销售不动产时，在房价以外单独无偿提供的货物，应视同销售货物，按货物适用税率征收增值税。例如，房地产企业销售商品房时，为促销举办抽奖活动赠送的家电，应视同销售货物，按货物适用税率征收增值税。

十七、房地产开发企业的多个老项目是否可以部分选择简易计税方法，部分选择一般计税方法?

解答：房地产开发企业的多个老项目可以部分选择简易计税方法，部分选择一般计税方法。一经选择简易计税方法计税的项目，36个月内不得变更为一般计税方法计税。

房地产以项目管理为原则，同一房地产企业的老项目需要单独备案，符合老项目标准的，可以选择适用简易征收。按5%征收率缴纳增值税。除法律规定不得开具增值税专用发票的情形外，一般纳税人可自行开具增值税专用发票。

例如，一个房地产开发企业有A、B两个老项目，A项目适用简易计税方法并不影响B项目选择一般计税方法。

十八、不动产老项目应如何判断？

解答：

1. 转让不动产老项目

纳税人转让不动产，产权变更登记日期在2016年4月30日前的项目。

2. 自建不动产老项目

纳税人取得的第一个《建筑工程施工许可证》或建筑施工合同注明的开工时间在2016年4月30日前的项目。

（1）《建筑工程施工许可证》注明的合同开工日期在2016年4月30日前的房地产项目；

（2）《建筑工程施工许可证》未注明合同开工日期或者未取得《建筑工程施工许可证》但建筑工程承包合同注明的开工日期在2016年4月30日前的建筑工程项目。

3. 出租不动产的老项目

关于2016年4月30日前开工建设的在建工程，完工后用于出租是否可以选择简易计税方法问题，可以选择简易计税方法。

《纳税人提供不动产经营租赁服务增值税征收管理办法》（国家税务总局公告2016年第16号）第三条第（一）

款规定：“一般纳税人出租其2016年4月30日前取得的不动产可以选择适用简易计税方法，按照5%的征收率计算应纳税额。”

十九、房地产企业收到预收款时如何开具发票？是全额开，还是按照预收款金额开？

解答：房地产企业收到预收款时按照适用税率或者征收率开票，多次收款的可以多次开票，一套商品房可以开具多张发票。

二十、两个房地产企业在同一块土地上开发房地产项目，土地在其中一方名下，土地出让金应由谁来扣除？

解答：由拥有土地使用权的房地产开发商扣除相应的土地出让金。

二十一、18号公告第5条土地价款扣除中提到的建筑面积如何计算？

解答：根据《国家税务总局关于发布〈房地产开发企业销售自行开发的房地产项目增值税征收管理暂行办法〉的公告》（国家税务总局公告2016年第18号）规定：“当期销售房地产项目建筑面积，是指当期进行纳税申报的增值税销售额对应的建筑面积。房地产项目可供销售建筑面积，是指房地产项目可以出售的总建筑面积，不包括销售房地产项目时未单独作价结算的配套公共设施的建筑面积。”

二十二、房地产开发企业跨县（市、区）开发项目如何预缴税款?

解答：房地产新项目预售时先按3%预缴税款，但不得减除土地价款；然后再到机构所在地进行纳税申报。房地产老项目预售时按照3%预缴税款，然后再到机构所在地进行纳税申报。

本着不影响现有财政利益格局的原则，建议房地产企业在每个项目所在地均办理营业执照和税务登记，独立计算和缴纳税款；对于未在项目所在地办理税务登记的，参照销售不动产的税务办法进行处理，即在不动产所在地按照5%进行预缴，在机构所在地进行纳税申报，并自行开具发票，对于不能自行开具增值税发票的小规模纳税人，可向不动产所在地主管国税机关申请代开。

二十三、房地产企业按照销售收入减除土地价款后的差额征税，如何进行会计处理?

解答：举例说明。

（1）甲公司（房地产开发企业）2016年5月10日与市土地局签订土地受让合同，受让A地块土地面积30万平米，支付土地出让金9.99亿元，取得合法财政票据。会计处理如下：

借：开发成本——土地成本　　90 000

　　应交税费——营改增待抵减的销项税额　9 900

　贷：银行存款　　99 900

（2）甲公司 2016 年 8 月启动开发 A 地块，商品房可售建筑面积 36 万平米。2018 年 5 月预售商品房 12 万平米，取得预售房款 13.32 亿元，

应预缴增值税 =133200÷1.11×3%=3600 万元

会计处理如下：

①收到预售房款

借：银行存款　　133 200

　贷：预收账款　　133 200

②预交增值税

借：应交税费——预交增值税　　3 600

　贷：银行存款　　3 600

（3）甲公司 2018 年 5 月预售的商品房于 2019 年 6 月交付业主，并符合收入确认条件，应当申报增值税。会计处理如下：

①确认收入

借：预收账款　　133 200

　贷：主营业务收入　　120 000

　　　应交税费——应交增值税（销项税额）　　13 200

②抵减销项税额

借：应交税费　　　　　　　　　　　　　　　　3 300

——应交增值税（营改增抵减的销项税额）

贷：应交税费——营改增待抵减的销项税额　　　3 300

注：扣除土地价款 =（12÷36）×9.99=3.33 亿元

营改增抵减的销项税额 =3.33÷1.11×11%=0.33 亿元

借：应交税费　　　　　　　　　　　　　　　　3 300

——应交增值税（销项税额递减）

贷：主营业务成本　　　　　　　　　　　　　　3 300

③抵减预交的增值税

借：应交税费——未交增值税　　　　　　　　　3 600

贷：应交税费——预交增值税　　　　　　　　　3 600

二十四、房地产开发企业自行开发产品出租应如何纳税？

解答：《财政部、国家税务总局关于全面推开营业税改征增值税试点的通知》（财税〔2016〕36 号）以及《国家税务总局关于发布〈纳税人提供不动产经营租赁服务增值税征收管理暂行办法〉》（国家税务总局公告 2016 年第 16 号）已经对此进行了明确，房地产开发企业如果是小规模纳税人其出租不动产应适用简易计税方法；如果是一般纳税人，则要根据取得不动产的时间来判定，2016 年 4 月 30 日前取得的不动产属于“老”的不动产，可以选择适用简易计税方法;2016 年 5 月 1 日以后取得的不动产属于“新”的不动产，出租时适用的是一般计税方法。

房地产企业自行开发的产品属于自建取得，所以适用普遍规定。

财税〔2016〕36 号文件中明确:房地产老项目,是指《建筑工程施工许可证》注明的开工日期在 2016 年 4 月 30 日前的房地产项目。新、老项目的界定标准，对房地产开发企业的不同的经营行为是同样，按照租、售相同，税收公平原则，房地产开发企业将尚未出售的房屋进行出租，仍按上述标准判定是否属于新老项目。

二十五、房地产开发企业如何在总分机构之间扣除土地价款?

解答:房地产开发企业以总机构的名义竞拍土地，并支付土地价款，交由分支机构开发，则相关的土地价款允许按照政策规定在分支机构进行扣除。

二十六、“房地产开发企业采取预收款方式销售的，在收到预收款时按 3% 预征率预缴增值税”，预缴后还需要办理申报吗?增值税预缴后是按月清算，还是达到时点后统一清算?

解答:根据《房地产开发企业销售自行开发的房地产项目增值税征收管理暂行办法》(国家税务总局公告 2016 年第

18号）的相关规定：

采取预收款方式销售自行开发的房地产项目，应在收到预收款时按照3%的预征率预缴增值税。其中，一般纳税人应在取得预收款的次月纳税申报期向主管国税机关预缴税款；小规模纳税人应在取得预收款的次月纳税申报期或主管国税机关核定的纳税期限向主管国税机关预缴税款。

按照《营业税改征增值税试点实施办法》的规定，纳税人采取预收款方式销售不动产的，其纳税义务发生时间不再为收到预收款的当天，而是完成不动产销售行为并收讫销售款项或者取得索取销售款项凭据的当天。未抵减完的预缴税款可以结转下期继续抵减。

二十七、销售无产权的地下车位如何纳税?

解答：房地产开发企业销售无产权的地下车位，与业主签订《地下车位使用合同》，合同中明确约定：“该车位的使用期限为20……使用期限届满，甲方同意将该车位继续无偿提供给乙方使用至XX年XX月XX日（与土地使用权期限一致）。该合同实质是将标的物的所有权进行永久性转让，不存在使用期限的问题。同时合同约定，车位价为一次性支付，价格在10～20万元左右，与有产权的地下位销售价格相当。购卖方拥有车位的使用权、处置权，可以出租、转让，不受房地产公司的管理、控制。销售无产权的地下车位如何纳税?

“营改增”后，房地产开发企业销售开发产品应缴纳增值税，根据《关于全面推开营业税改征增值税试点的通知》（财税〔2016〕36号）的规定，销售地下车位的使用权，应该缴纳增值税。《附件1附：销售服务、无形资产、不动产注释》规定：转让建筑物有限产权或者永久使用权的，转让在建的建筑物或者构筑物所有权的，以及在转让建筑物或者构筑物时一并转让其所占土地的使用权的，按照销售不动产缴纳增值税。即销售地下车位（包括人防车位）永久使用权，与地上商品房性质一样，按照销售开发产品计算缴纳增值税。

受让方不能办理车位产权手续，不需要缴纳车位契税。但还需要按照销售不动产缴纳土地增值税、企业所得税。

二十八、“向政府部门支付的土地价款”包不包含市政配套费等政府收费和契税？支付给政府的拆迁补偿款和支付给个人的拆迁补偿款能否抵减？扣减土地价款时，相应的土地配套费是否可以扣除？

解答：根据《房地产开发企业销售自行开发的房地产项目增值税征收管理暂行办法》（国家税务总局公告2016年第18号）第五条的规定：

支付的土地价款，是指向政府、土地管理部门或受政府委托收取土地价款的单位直接支付的土地价款。因此，不包括市政配套费等政府收费、契税、拆迁补偿款、土地配套费等其他费用。

二十九、股权收购拿地方式能否抵扣进项税额？

解答：股权收购是指一个公司收购另一公司的股权，得到了被收购方的土地，如果被收购方的土地是通过招拍挂取得的，收购方按被收购方原来取得的国土部门出具的行政事业性收据，抵扣11%。如果被收购方的土地是通过转让所得得到的土地，被收购方原来对土地的入账价值，以原来被转让方视同销售开具的票据作价，如果被收购方是通过国家无偿划拨来的则不能抵扣进项税的。

三十、房屋代建模式财税如何操作？

解答：房屋代建必须具备三个条件：(1)建设单位（发包方）自己拥有土地，应以建设方的名义去当地发改委立项报建审批和规划；(2)房屋代建的房地产公司不能垫款；(3)代建的房地产公司只能从中收取代理费。营改增以后，房地产公司从事代建行为，按现代服务业6%缴纳增值税。

三十一、土地出让金、市政配套费、拆迁补偿费、排污费、异地人防建设费可否作为房地产企业的进项扣除？

解读：依据财税〔2016〕36号文件规定，房地产公司在 2016 年 5 月 1 日后，能扣除的成本只限于土地出让金，而土地出让金的扣除必须凭当地财政部门开具的行政事业收据扣除。因此，市政配套费、拆迁补偿费、排污费、异地人防建设费不可以抵扣进项税。

三十二、如何进行土地出让金返还模式及相应财税处理？

解答：土地出让金返还，根据交易模式的不同而不同。

第一种情况，如果土地出让金返还，和政府约定土地出让金用于拆迁补偿支出，在土地增税没有取消的情况下，应开具增值税红字发票，冲减土地成本。

第二种情况，政府土地出让金返还，如果政府约定专款专用，房地产企业在财务处理上按照专款专用操作，没有任何税收问题。

第三种情况，如果政府和房地产公司的土地出让金合同约定，土地返还款是用于奖励，财务上计入营业外收入，不缴增值税，只缴企业所得税。

三十三、支付的各类拆迁补偿费或拆一还一的成本如何抵扣？

解答：2016 年 5 月 1 日后，房地产公司所发生的新项目支付的拆迁补偿费，如果是政策性拆迁补偿费，是不可以抵扣的，如果是商业性拆迁，被拆迁方视同不动产转让，应按 11% 的税率缴税，如果是 2016 年 4 月 30 日之前的房屋，则按 5% 的税率简易征收，房地产公司只能抵扣 5%。成本按公允价值进成本。

三十四、红线外附加工程所包含的进项税额能否抵扣？

解答：红线外所发生的工程是不能进红线之内的成本的，因此，红线外附加工程所取得的进项税不能抵扣增值税进项税（注：全国目前只有广州市允许红线外的成本可以进成本）。

三十五、境外设计费、策划费的如何抵扣处理？

解答：财税〔2016〕36 号文件附件 4 规定，在境外发生的设计费，策划费是免税的，因此，房地产公司与境外的设计企业发生的设计费、策划费，由于境外是免税的，因此不能抵扣进项税额。

三十六、“营改增”前后甲供材处理的变化对房地产业税负有何影响？

解答：“营改增”前甲供材料分两种，一种是甲供设备和装修材料，只要房地产公司自己购买材料和装修材料，设备和装修材料是不需要交营业税的，除了甲供设备和装修材料之外，其他任何的甲供材，建筑企业都要交建安营业税，房地产公司必须取得建筑企业全额的建安发票，才能在土地增值税、企业所得税税前扣除。

“营改增”后，建筑企业的销售额是按照向房地产公司收取的所有价款包括价外费用。如果建筑企业选择简易计税，房地产公司只能抵扣自己购买的材料的进项税额。“营改增”后，房地产公司选择甲供材或包工包料，需要进一步计算分析。

三十七、园林绿化工程“营改增”前后的涉税风险控制关键是什么?

解答：园林绿化工程“营改增”前后的涉税风险控制关键在合同签订环节，苗圃属于农产品系列，是免税的，房地产公司直接和园林公司签合同买苗圃，凭园林公司开具的发票的销售价按 13% 抵扣；园林公司有两种，一种是有苗圃的园林公司，一种是没有苗圃的园林公司，当房地产公司选择有苗圃的园林公司时，如果签订包工包料合同，比如 100 万元的苗圃，10 万元的植树劳务，园林公司开具 11% 的增值税专用发票，房地产公司抵扣 110 万元 ×11%=12.1 万元；如果房地产公司与园林公司签订 100 万元的销售合同，请人完成 10 万元的植树劳务，可以抵扣 100×13%=13 万元，但园林公司不会签订包工包料合同，10 万元的劳务开具 3% 的专用发票，10×3%=0.3 万元，则房地产公司可以抵扣 13.3 万元；如果房地产公司和没有苗圃的园林公司签订包工包料合同，园林公司只能开具110万元11%的专票，房地产公司可以抵扣110×11%=12.1万元，因此，房地产公司选择第二种方案对纳税有利。

三十八、在基建工地搭建的临时建筑能否能抵扣增值税？最后被拆除，是否需要做进项税额转出？

解答：在基建工地搭建的临时建筑可以抵扣增值税，不用分两年，而是搭建临时建筑当期一次性抵扣进项税额。最后被拆除，不需要做进项税额转出。

三十九、合作建房拿地方式能否抵扣进项税额？

解答：房地产企业实施“营改增”后，土地成本可以按国土部门提供的行政事业性收据，扣除11%，但前提条件是土地成本必须取得当地国土部门盖章的行政事情性收据，如果没有行事业性收据，就不能抵扣。

对非房开公司出土地，房地产公司出资金的合作建房，非房地产公司视同销售，按照转让土地使用权计征11%的增值税，也就是说，非房地产公司与房地产公司合作建房，约定分房产或分利润，不论哪种方式，都视同销售。

四十、不动产对外投资、分配等视同销售行为如何控制税收？

解答：不动产对外投资、分配在税法中视同销售，“营改增”后，要缴纳增值税。依据财税〔2016〕36号规定，如果转让2016年4月30日之前的不动产，选择5%的简易征收，如果不动产是5月1日以后取得的对外投资所分配的，视同销售是按11%缴税。因此，对不动产对外投资和分配，视同销售，就分为不动产是5月1日之前还是5月1日之后转让两种情形。

四十一、园林绿化工程中购买的苗木、草皮如何抵扣？是以增值税专用发票抵扣还是开具农产品收购发票？

解答：苗圃公司免增值税，凭苗圃公司的发票，按买价×13%抵扣。例如，农民自己的草皮、苗木没有发票，只能去税务局代开发票才能抵扣。

四十二、施工临时用水、用电的如何抵扣进项税额？

解答：让房地产公司给施工企业开具17%的电费发票和13%的水费发票抵扣进项税额。如果施工企业是做道路施工的，由施工企业和电力公司签订合同开发票。

四十三、回迁安置房是否要视同销售征收增值税？

解答：回迁安置房视同销售缴纳增值税。

四十四、清包工和甲供材的建安劳务增值税如何处理？

解答：清包工和甲供材，房地产企业采购材料、设备和动力，可以抵扣进项税额。施工方可以选择一般计税方法或简易计税方法。施工方计税方法的选择取决于甲供材在施工合同价款中的比重。

四十五、出租的不动产免租期内如何确认销售额？

解答：出租的不动产如果是 2016 年 4 月 30 日之前取得的，按简易计税方法征收增值税，如果是 2016 年 4 月 30 日以后获得的，则按一般计税方法，按照 11% 交纳增值税。免租不符合增值税的征收条件，因此，免租期不征收增值税。

四十六、楼体广告、电梯间广告、车辆广告行为如何适用增值税税目？

解答：楼梯广告、电梯间广告按租赁不动产租税，按 11% 征收增值税。车辆广告按 17% 征收增值税。

四十七、随房赠送物业管理费如何确认销售额？

解答：买房送物业管理费视同销售，按市场公允价，确定销售额征税。

四十八、“营改增”前后“买一赠一”行为如

何纳税及控制风险?

解答:“营改增”前后都一样,“营改增”前，买房送的冰箱洗衣机，不能扣除;“营改增后”，要视同销售交增值税。房地产企业“买一赠一”的促销行为不像工业企业一样可以作为捆绑销售，因此，房地产企业采取打折销售比赠送促销合适。

四十九、“营改增”前后首付款与按揭款该如何纳税?

解答：首付款和按揭款的到账时间即为增值税的纳税义务时间。

五十、“营改增”前后自持物业经营或出租是否有利?

解答:2016年5月1日之前,自持物业应按简易计税方法计税，税率为5%; 2016年5月1日后按一般计税方法计税，税率为11%。

五十一、销售旺盛的“日光盘”，销售完成后如何纳税?

解答：按预收账款的3%预交增值税，完工后再确认全部销项税额，抵扣进项税额。

五十二、“营改增”前后售后返租涉及的税收风险有哪些？该如何控制?

解答："营改增"前和"营改增"后，售后返租的楼盘都应该由物业公司或资产管理公司来代替业主进行出租，资产管理公司收取管理费按 6% 的现代服务业税目征收增值税。物业公司或资产管理公司收取代理费，给出租人省一道房产税。因此，"营改增"后，应通过资产管理公司或物业公司代租更省税。

五十三、房地产企业支付的贷款利息能否抵扣进项税？融资相关的手续费、咨询费、顾问费等是否可以抵扣进项？

解答：财税〔2016〕36 号文件规定，企业购买的贷款利息、与贷款相关的手续费、咨询费、顾问费都不能抵扣增值税。

五十四、房地产企业的售后回租（非融资性）行为在增值税框架下如何进行处理？

解答：售后回租认定为贷款服务，不能抵扣进项税。

五十五、不同类型车库、车位在增值税制度下如何进行税务处理？

解答：车库、车位分为能办产权的和不能办产权的两种，有产权的车库要交增值税；没有产权的车位、车库，在卖房时一并赠送，赠送的是长期使用权，根据财税〔2016〕36 号文件规定，要视同销售缴纳增值税。车位，房地产公司的地上停车位，收取的停车费按 11% 缴纳增值税。

五十六、房地产代收费用是否属于增值税的价外费用要一并征收增值税?

解答：房地产公司代收的住房维修基金免收增值税，除此之外的所有代收费用作为价外费用缴纳增值税。

五十七、商业地产的停车收费项目如何缴纳增值税?

解答：商业地产的停车收费，按 11% 缴纳增值税。

五十八、企业发生的餐饮消费行为是否可以抵扣增值税呢?

解答：企业发生餐饮服务，不可以抵扣增值税，但住宿费可以抵扣 6%。会议时，可以适当增加住宿费控制餐饮费支出。

五十九、企业接受物业服务支付的物业服务费能否抵扣增值税?

解答：物业服务费按现代服务业，可以抵扣 6%。

六十、房地产项目公司注销时的财税风险及留抵税额如何处理?

解答：根据财税〔2006〕165 号文件，公司注销清算之前，账上的留抵税额不能退税，因此房产公司注销前的留抵税额不可以抵扣。建议房地产公司在注销前加强发票管理，及时抵扣进项税额。

六十一、税法规定，土地使用者将土地使用权归还土地所有者免征增值税。请问：免征增值税的收入是否包括国有企业土地使用权被国土局收储后获得的补偿收入？

解答：是的。

六十二、房地产企业开发“烂尾楼”对试点前计算营业税尚未扣除的买入价余额如何处理？

解答：按照《营业税改征增值税试点有关事项的规定》（财税〔2016〕36 号）第一条第（十三）项第 1 目规定：试点纳税人发生应税行为，按照国家有关营业税政策规定差额征收营业税的，因取得的全部价款和价计算试点纳税人外费用不足以抵减允许扣除项目金额，截至纳入营改增试点之日前尚未扣除的部分，不得在增值税应税销售额时抵减，应当向原主管地税机关申请退还营业税。”

六十三、“营改增”后如何解决房地产销项税与进项税不匹配问题？

解答：房地产企业采取预收款方式销售自行开发的房地

产项目，应在收到预收款时按照3%的预征率预缴增值税，当期纳税申报时未抵减完的预缴税款可以结转下期继续抵减，在一定程度上解决了进销项不匹配的问题，建议企业加强内部核算管理，动态监测每期应纳税额。

六十四、一个项目分期开发，多次领取施工许可证的，如何界定简易征收或一般征收？

解答：房地产项目以取得的《建筑工程施工许可证》作为界定标准，一个许可证为一个项目。

六十五、房地产开发企业出租自行开发的房地产项目，是否可使用简易征收率？

解答：一般纳税人出租2016年4月30日前取得的不动产可以选择适用简易计税方法，取得的不动产包括直接购买、接收捐赠、接受投资入股、自建以及抵债等形式。

六十六、“营改增“实施后，房地产企业代垫的施工水电费，可否作为代收代付处理？

解答：有两种处理方法：房地产企业可以直接转售水、电给施工企业，开具增值税发票；也可以由水、电部门直接向施工企业开具发票，并由房地产企业代收转付相关款项。

附 录

京建发〔2016〕116 号文件附件

关于建筑业营业税改征增值税调整北京市建设工程计价依据的实施意见

一、实施时间及适用范围

（一）执行《建设工程工程量清单计价规范》、北京市《房屋修缮工程工程量清单计价规范》（以下简称“清单计价规范”）和（或）2012 年《北京市建设工程计价依据—预算定额》、2012 年《北京市房屋修缮工程计价依据—预算定额》、2014 年《北京市城市轨道交通运营改造工程计价依据—预算定额》及配套定额（以下简称“预算定额”）的工程，按以下规定执行。

1. 凡在北京市行政区域内且《建筑工程施工许可证》注明的合同开工日期或未取得《建筑工程施工许可证》的建筑工程承包合同注明的开工日期（以下简称“开工日期”）在 2016 年 5 月 1 日（含）后的房屋建筑和市政基础设施工程（以下简称“建筑工程”），应按本实施意见执行。

2. 开工日期在2016年4月30日前的建筑工程，在符合《关于全面推开营业税改征增值税试点的通知》（财税〔2016〕36号）等财税文件规定前提下，参照原合同价或“营改增”前的计价依据执行。

（二）执行2001年《北京市建设工程预算定额》、2005年《北京市房屋修缮工程预算定额》及配套定额且开工日期在2016年4月30日前的建筑工程，可按原合同价或“营改增”前的计价依据执行。

（三）按2004年《北京市建设工程概算定额》及配套定额编制设计概算的建筑工程，按“营改增”前的计价依据执行。

二、实施依据

（一）《关于做好建筑业“营改增”建设工程计价依据调整准备工作的通知》（建办标〔2016〕4号）。

（二）《关于全面推开营业税改征增值税试点的通知》（财税〔2016〕36号）。

（三）《营业税改征增值税试点方案》（财税〔2011〕110号）、《关于简并增值税征收率政策的通知》（财税〔2014〕57号）等。

（四）现行计价依据，包括清单计价规范、预算定额、造价管理办法等。

（五）其他有关资料。

三、费用组成内容

（一）“营改增”后建筑安装工程费用项目的组成内容除本办法另有规定外，均与预算定额的内容一致。

（二）企业管理费包括预算定额的原组成内容，城市维护建设税、教育费附加以及地方教育费附加，“营改增”增加的管理费用等。

（三）建筑安装工程费用的税金是指国家税法规定应计入建筑安装工程造价内的增值税销项税额。

四、其他有关说明

（一）预算定额的调整内容是根据“营改增”调整依据的规定和要求等修订完成，不改变清单计价规范和预算定额的作用、适用范围及费用计价程序等。预算定额依据“价税分离”计价规则调整的相关内容详见附件。

（二）2012 年《北京市房屋修缮工程计价依据—预算定额》古建筑工程各费用项目的计费基数均做调整，调整的计费基数详见附件。

（三）预算定额的调整内容对应定额编制期的除税价格及费率。

（四）建筑业“营改增”后，工程造价按“价税分离”计价规则计算，具体要素价格适用增值税税率执行财税部门的相关规定。税前工程造价为人工费、材料费、施工机具使用费、企业管理费、利润和规费之和，各费用项目均以不包含增值税（可抵扣进项税额）的价格计算。

（五）建筑业“营改增”后建设工程发承包及实施阶段的计价活动，适用一般计税方法计税的建筑工程执行“价税分离”计价规则；选择适用简易计税方法计税的建筑工程参照原合同价或“营改增”前的计价依据执行，并执行财税部门的规定。

（六）材料（设备）暂估价、确认价均应为除税单价，结算价格差额只计取税金。专业工程暂估价应为“营改增”后的工程造价。

（七）总承包工程合同项下的专业分包工程、材料（设备）按照总承包工程合同的计价规则执行。专业承包工程合同项下材料（设备）按照专业承包工程合同的计价规则执行。

（八）风险幅度确定原则：风险幅度均以材料（设备）、施工机具台班等对应除税单价为依据计算。

（九）《北京工程造价信息》（“营改增”版）中的除税材料（设备）市场信息价格，包括除税的材料（设备）原价、运杂费、运输损耗费和采购及保管费。

五、现行造价管理办法中与本实施意见内容不一致的地方，以本实施意见为准。

六、本实施意见自发布之日起执行，尚未开标且不能在 2016 年 4 月 30 日前完成合同签订的依法进行招标的项目，招标文件及招标控制价编制均应按本实施意见要求执行。

附　件

建筑业"营改增"建设工程计价依据调整表

一、以"元"为单位的要素价格

项目名称		单位	调整方法
840027	摊销材料费	元	以各定额子目的数量为基数 ×89.3%
840028	租赁材料费	元	以各定额子目的数量为基数 ×90.7%
840004	其他材料费	元	以各定额子目的数量为基数 ×96.6%
840016	机械费	元	以各定额子目的数量为基数 ×94.7%
840023	其他机具费	元	以各定额子目的数量为基数 ×94.7%
888810	中小型机械费	元	以各定额子目的数量为基数 ×94.7%
	03 通用安装工程第一册第 573 页：金属桅杆及人字架等一般起重机具的摊销费	元	按所安装设备净重量（包括设备底座、辅机）计算，按 11.36 元/吨计取，列入措施项目费用中

说明：调整系数适用 2012 年《北京市建设工程计价依据——预算定额》、2012 年《北京市房屋修缮工程计价依据——预算定额》、2014 年《北京市城市轨道交通运营改造工程计价依据——预算定额》中对应编码的要素数量调整。表中各册及各章对应这些文件中的相应部分。下同。

二、2012年《北京市建设工程计价依据——预算定额》

01 房屋建筑与装饰工程

1. 安全文明施工费

项目名称		建筑装饰工程						钢结构工程		其他工程	
		建筑面积（m^2）									
		20 000以内		50 000以内		50 000以外					
		五环路以内	五环路以外	五环路以内	五环路以外	五环路以内	五环路以外	五环路以内	五环路以外	五环路以内	五环路以外
计费基数	以第一章至第十七章的相应部分除税预算价为基数（不得重复）计算										
费率（%）	5.54	4.93	5.35	4.75	4.88	4.47	4.02	3.73	3.69	3.63	
其中	环境保护	1.23	1.2	1.2	1.16	1.17	1.15	1.07	1.05	0.98	0.96
	文明施工	0.69	0.66	0.66	0.64	0.64	0.62	0.53	0.49	0.49	0.47
	安全施工	1.33	1.18	1.27	1.13	1.11	1.1	1.02	1.01	0.93	0.92
	临时设施	2.29	1.89	2.22	1.82	1.96	1.60	1.4	1.18	1.29	1.28

2. 企业管理费

序号	项目名称			计费基数	企业管理费率（%）	其中：现场管理费率（%）	其中：工程质量检测费率（%）
1	单层建筑	厂房	跨度18m以内	除税预算价	8.74	3.75	0.45
2	单层建筑	厂房	跨度18m以外	除税预算价	9.94	4.17	0.47
3	单层建筑	其他		除税预算价	8.40	3.45	0.43
4	住宅建筑	檐高（m）	25以下	除税预算价	8.88	3.62	0.46
5	住宅建筑	檐高（m）	45以下	除税预算价	9.69	3.88	0.47
6	住宅建筑	檐高（m）	80以下	除税预算价	9.90	4.09	0.48
7	住宅建筑	檐高（m）	80以上	除税预算价	10.01	4.23	0.50
8	公共建筑	檐高（m）	25以下	除税预算价	9.25	3.73	0.46
9	公共建筑	檐高（m）	45以下	除税预算价	10.38	4.25	0.48
10	公共建筑	檐高（m）	80以下	除税预算价	10.76	4.54	0.50
11	公共建筑	檐高（m）	120以下	除税预算价	10.92	4.71	0.51
12	公共建筑	檐高（m）	200以下	除税预算价	10.96	4.84	0.52
13	公共建筑	檐高（m）	200以上	除税预算价	10.99	4.96	0.52
14	钢结构			除税预算价	3.81	1.54	
15	独立土石方			除税预算价	7.10	2.63	
16	施工降水			除税预算价	6.74	2.67	
17	边坡支护及桩基础			除税预算价	6.98	2.82	

02　仿古建筑工程

1. 安全文明施工费

项目名称		仿古建筑工程	
		五环以内	五环以外
计费基数	以第一章至第十章的相应部分除税预算价为基数（不得重复）计算		
费率（%）		5.48	4.78
其中	环境保护	1.24	1.13
	文明施工	0.70	0.47
	安全施工	1.52	1.26
	临时设施	2.02	1.92

2. 企业管理费

序号	项目名称	计费基数	企业管理费率（%）	其中
				现场管理费率（%）
1	仿古建筑工程	除税预算价	10.12	4.12

03　通用安装工程

1. 工程调试费

项目名称	费率
采暖系统调试费	采暖系统调试费按采暖工程人工费的13.8%计取，其中人工费占26%

续表

项目名称	费率
空调水工程系统调试费	空调水工程系统调试费，按空调水工程人工费的13.8%计取，其中人工费占26%
通风空调工程系统调试费	通风空调工程系统调试费，按系统人工费的13.8%计取，其中人工费占26%

2. 脚手架使用费

项目名称	费率
第一册 机械设备安装工程	脚手架使用费按下列系数计算： （1）第一章“起重设备安装”、第二章“起重机轨道安装”脚手架使用费按定额人工费的7.74%计算，其中人工费占36.18%。 （2）电梯脚手架使用费： 电梯载重量≤1500kg，井道高度≤50m时：5.78%，其中人工费占25.97%； 电梯载重量≤1500kg，井道高度＞50m时：9.24%，其中人工费占25.97%； 电梯载重量＞1500kg所增加的脚手架费用另行计算。 （3）除第一、二、四章外，脚手架使用费按人工费的4.81%计算，其中人工费占25.97%
第二册 热力设备安装工程	脚手架使用费按下列系数计算： （1）第一章至第七章按人工费的9.63%计算，其中人工费占25.97%； （2）第八章按人工费的4.81%计算，其中人工费占25.97%

续表

项目名称	费率
第三册 静置设备与工艺金属结构制作安装工程	2. 静置设备制作，脚手架使用费按人工费的 4.81% 计算，其中人工费占 25.97%。 3. 除静置设备制作工程以外，本定额其他项目脚手架使用费按人工费的 9.63% 计算，其中人工费占 25.97%
第四册 电气设备安装工程	2. 脚手架使用费按人工费的 4.81% 计算，其中人工费占 25.97%。 3. 对单独承担的室外埋地敷设电缆、架空配电线路和路灯工程，不计取脚手架使用费
第五册　建筑智能化工程 第六册　自动化控制仪表安装工程 第七册　通风空调工程 第八册　工业管道工程 第九册　消防工程 第十册　给排水 采暖 燃气工程 第十一册　通信设备及线路工程	2. 脚手架使用费按人工费的 4.81% 计算，其中人工费占 25.97%。 3. 第八册《工业管道工程》和第十册《给排水 采暖 燃气工程》，对单独承担的埋地管道工程，不计取脚手架使用费。 第十一册《通信设备及线路工程》，室外通信工程项目不计取脚手架使用费
第十二册 刷油 防腐蚀 绝热工程	脚手架使用费按下列系数计算： （1）刷油工程：按人工费的 7.70% 计算，其中人工费占 25.97%； （2）防腐蚀工程：按人工费的 11.55% 计算，其中人工费占 25.97%； （3）绝热工程：按人工费的 19.25% 计算，其中人工费占 25.97%

3. 安装与生产同时进行增加费

项目名称	费率
安装与生产同时进行增加费	按人工费的9.60%计算；其中人工费占安装与生产同时进行增加费的20.83%

4. 在有害身体健康的环境中施工增加费

项目名称	费率
在有害身体健康的环境中施工增加费	按人工费的9.53%计算；其中人工费占在有害身体健康环境中施工增加费的5.25%

5. 安全文明施工费

<table>
<tr><th colspan="2" rowspan="2">项目名称</th><th colspan="2">通用安装工程：第1～4册、6～12册</th><th colspan="2">通用安装工程：第5册</th></tr>
<tr><th>五环以内</th><th>五环以外</th><th>五环以内</th><th>五环以外</th></tr>
<tr><td colspan="2">计费基数</td><td colspan="4">人工费</td></tr>
<tr><td colspan="2">费率（%）</td><td>20.86</td><td>18.20</td><td>15.74</td><td>13.74</td></tr>
<tr><td rowspan="4">其中</td><td>环境保护</td><td>2.93</td><td>2.65</td><td>2.14</td><td>2.00</td></tr>
<tr><td>文明施工</td><td>6.39</td><td>5.64</td><td>4.92</td><td>4.28</td></tr>
<tr><td>安全施工</td><td>7.13</td><td>6.31</td><td>5.36</td><td>4.65</td></tr>
<tr><td>临时设施</td><td>4.40</td><td>3.60</td><td>3.32</td><td>2.82</td></tr>
</table>

说明：安全文明施工费按以上标准计取，其中人工费占安全文明施工费的10.47%。

6. 企业管理费

序号	项目名称			计费基数	企业管理费率（%）	其中 现场管理费率（%）
1	住宅建筑	檐高	25m 以下	人工费	60.30	25.32
2			45m 以下		65.27	28.08
3			80m 以下		66.84	29.46
4			80m 以上		67.99	30.64
5	公共建筑		25m 以下		62.29	26.36
6			45m 以下		67.38	29.17
7			80m 以下		69.32	30.72
8			120m 以下		70.82	32.07
9			200m 以下		72.22	33.43
10			200m 以上		73.54	34.79
11	其他				65.37	27.37

04 市政工程

1. 安全文明施工费

项目名称	道路工程		桥梁工程		管道工程	
	五环路以内	五环路以外	五环路以内	五环路以外	五环路以内	五环路以外
计费基数	除税预算价					

续表

项目名称			道路工程		桥梁工程		管道工程	
			五环路以内	五环路以外	五环路以内	五环路以外	五环路以内	五环路以外
费率（%）			5.87	5.22	6.28	5.67	6.07	5.47
其中	环境保护	%	1.32	1.10	1.43	1.27	1.33	0.95
	文明施工	%	0.93	0.77	1.03	0.96	1.01	1.62
	安全施工	%	1.39	1.31	1.42	1.36	1.40	1.12
	临时设施	%	2.22	2.04	2.40	2.08	2.33	1.78

2. 企业管理费

序号	项目名称		计费基数	企业管理费率（%）	其中
					现场管理费率（%）
1	道路、桥梁工程	道路	除税预算价	9.33	3.93
2		桥梁		9.40	3.96
3	管道工程	给水		7.37	3.18
4		排水		9.32	3.90
5		燃气、热力		8.29	3.51

05 园林绿化工程

1. 安全文明施工费

项目名称			绿化工程		庭园工程	
			五环路以内	五环路以外	五环路以内	五环路以外
计费基数			人工费		除税预算价	
费率（%）			8.67	6.32	5.18	4.31
其中	环境保护	%	2.17	1.40	1.24	1.03
	文明施工	%	1.48	1.01	0.80	0.66
	安全施工	%	1.82	1.27	1.19	1.00
	临时设施	%	3.20	2.64	1.95	1.62

2. 企业管理费

序号	项目名称	计费基数	企业管理费率（%）	其中
				现场管理费率(%)
1	绿化工程	人工费	27.04	11.46
2	庭园工程	除税预算价	8.37	3.33

06 构筑物工程

1. 安全文明施工费

项目名称	构筑物	
	五环路以内	五环路以外
计费基数	以第一章至第三章的相应部分除税预算价为基数（不得重复）计算	
费率（%）	4.31	3.75

续表

项目名称		构筑物	
		五环路以内	五环路以外
其中	环境保护	1.12	1.06
	文明施工	0.58	0.56
	安全施工	1.13	1.06
	临时设施	1.48	1.07

2. 企业管理费

序号	项目名称		计费基数	企业管理费率（%）	其中：现场管理费率（%）
1	构筑物	烟囱、水塔、贮仓（库）	除税预算价	9.80	4.16
2		池类		8.83	3.58
3		其他		8.37	3.32

07 城市轨道交通工程

土建、轨道工程

1. 安全文明施工费

项目名称	地上工程		地下明挖工程		地下盖挖、暗挖工程		盾构工程		轨道工程	
	五环路以内	五环路以外	五环路以内	五环路以外	五环路以内	五环路以外	五环路以内	五环路以外	五环路以内	五环路以外
计费基数	除税预算价									

续表

项目名称			地上工程		地下明挖工程		地下盖挖、暗挖工程		盾构工程		轨道工程	
			五环路以内	五环路以外	五环路以内	五环路以外	五环路以内	五环路以外	五环路以内	五环路以外	五环路以内	五环路以外
费率（%）			6.29	5.94	6.47	6.01	6.12	5.81	6.09	5.58	5.00	4.84
其中	环境保护	%	1.46	1.39	1.35	1.31	1.25	1.14	1.32	1.18	1.26	1.25
	文明施工	%	1.02	0.92	1.16	0.99	0.98	0.95	1.04	0.90	0.59	0.58
	安全施工	%	1.54	1.52	1.64	1.60	1.71	1.65	1.59	1.50	1.56	1.53
	临时设施	%	2.27	2.11	2.32	2.11	2.18	2.07	2.14	2.00	1.59	1.47

2. 企业管理费

序号	项目名称		计费基数	企业管理费率（%）	其中
					现场管理费率（%）
1	地下工程	明挖	除税预算价	8.56	3.40
2		盖挖、暗挖		9.02	3.55
3		盾构		8.08	3.05
4	地上工程			9.06	3.55
5	轨道工程			5.51	2.15

供电、通信信号、智能机电工程

1. 安全文明施工费

项目名称			通信、信号工程	供电工程	智能与控制系统、机电工程
计费基数			人工费		
费率（%）			22.61	22.96	22.74
其中	环境保护	%	3.11	3.02	3.18
	文明施工	%	7.23	7.02	6.97
	安全施工	%	7.51	7.30	7.78
	临时设施	%	4.76	4.62	4.81

2. 企业管理费

序号	项目名称		计费基数	企业管理费率（%）	其中：现场管理费率（%）
1	通信 信号工程		人工费	63.21	27.12
2	供电工程			66.95	28.65
3	智能与控制系统、机电工程	智能与控制系统工程		65.19	27.87
		机电工程		66.30	28.43

三、2012年《北京市房屋修缮工程计价依据——预算定额》

01　土建工程

1. 工程水电费

序号	项目名称	计费基数	费率（%）
1	土建工程	除税直接工程费	0.80

2. 其他措施费

序号	项目名称	取费基数	费率（%）	其中人工费占比（%）
1	安全文明施工费	除税直接工程费	1.00	54
2	夜间施工费		0.48	44
3	二次搬运费		1.52	91
4	冬雨季施工费		0.82	54
5	临时设施费		1.80	28
6	施工困难增加费		0.52	64
7	原有建筑物、设备、陈设、高级装修及文物保护费		0.50	33
8	高台建筑增加费（高在2m以上）		0.50	78
9	高台建筑增加费（高在5m以上）		0.72	78
10	超高增加费（高在25～45m）		0.50	78
11	超高增加费（高在45m以上）		0.72	78
12	施工排水、降水费		0.55	49

3. 企业管理费

序号	项目名称	计费基数	企业管理费率（%）	其中：	
				现场管理费率（%）	工程质量检测费率（%）
1	土建工程	除税直接费	16.26	6.85	0.43

02 古建筑工程

1. 工程水电费

序号	项目名称	计费基数	费率（%）
1	古建筑工程	人工费	1.30

2. 其他措施费

序号	项目名称	取费基数	费率（%）	其中人工费占比（%）
1	安全文明施工费	人工费	2.80	54
2	夜间施工费		1.34	44
3	二次搬运费		4.62	91
4	冬雨季施工费		2.50	54
5	临时设施费		5.43	28
6	施工困难增加费		1.37	64
7	原有建筑物、设备、陈设、高级装修及文物保护费		1.37	33
8	高台建筑增加费（高在2m以上）		1.57	78
9	高台建筑增加费（高在5m以上）		2.15	78
10	超高增加费（高在25～45m）		1.57	78
11	超高增加费（高在45m以上）		2.15	78
12	施工排水、降水费		1.66	49

3. 企业管理费

序号	项目名称	计费基数	企业管理费率（%）	其中：	
				现场管理费率（%）	工程质量检测费率（%）
1	古建筑工程	人工费	37.72	16.31	0.92

4. 利润

序号	项目名称	计费基数	费率（%）
1	古建筑工程	人工费＋企业管理费	13.00

03 安装工程

1. 系统调试费

序号	项目	取费基数	费率标准（%）	其中人工费占比（%）
1	采暖、消防水、空调水工程系统调试费	单位工程人工费	14.38	30
2	通风空调工程系统调试费		13.48	30

2. 工程水电费

序号	项目名称	计费基数	费率（%）
1	安装工程	人工费	1.33

3. 其他措施费

序号	项目名称	取费基数	费率（%）	其中人工费占比（%）
1	安全文明施工费	人工费	2.64	54
2	夜间施工费		1.41	44
3	二次搬运费		2.08	91
4	冬雨季施工费		2.21	54
5	临时设施费		4.78	28
6	施工困难增加费		1.45	64
7	原有建筑物、设备、陈设、高级装修及文物保护费		1.38	33
8	高台建筑增加费（高在 2m 以上）		1.25	78
9	高台建筑增加费（高在 5m 以上）		1.50	78
10	超高增加费（高在 25 ~ 45m）		1.20	78
11	超高增加费(高在 45m 以上）		1.54	78
12	施工排水、降水费		1.66	49

4. 企业管理费

序号	项目名称	计费基数	企业管理费率（%）	其中：现场管理费率（%）
1	安装工程	人工费	64.56	28.10

四、2014年《北京市城市轨道交通运营改造工程计价依据——预算定额》

01 土建、轨道工程

1. 安全文明施工费

<table>
<tr><th colspan="3" rowspan="3">项目名称</th><th colspan="4">土建工程</th><th rowspan="3">轨道工程</th></tr>
<tr><th colspan="2">地上工程</th><th colspan="2">地下工程</th></tr>
<tr><th>五环路以内</th><th>五环路以外</th><th>五环路以内</th><th>五环路以外</th></tr>
<tr><td colspan="3">计费基数</td><td colspan="5">除税预算价</td></tr>
<tr><td colspan="3">费率（%）</td><td>6.10</td><td>5.81</td><td>6.47</td><td>5.77</td><td>4.92</td></tr>
<tr><td rowspan="4">其中</td><td>环境保护</td><td>%</td><td>1.05</td><td>1.00</td><td>0.96</td><td>0.92</td><td>1.25</td></tr>
<tr><td>文明施工</td><td>%</td><td>0.83</td><td>0.76</td><td>0.94</td><td>0.80</td><td>0.59</td></tr>
<tr><td>安全施工</td><td>%</td><td>1.90</td><td>1.88</td><td>1.99</td><td>1.93</td><td>1.53</td></tr>
<tr><td>临时设施</td><td>%</td><td>2.32</td><td>2.17</td><td>2.58</td><td>2.12</td><td>1.55</td></tr>
</table>

2. 企业管理费

<table>
<tr><th rowspan="2">序号</th><th colspan="2" rowspan="2">项目名称</th><th rowspan="2">计费基数</th><th rowspan="2">企业管理费率（%）</th><th>其中</th></tr>
<tr><th>现场管理费率（%）</th></tr>
<tr><td>1</td><td rowspan="2">土建工程</td><td>地上工程</td><td rowspan="3">除税预算价</td><td>12.89</td><td>5.14</td></tr>
<tr><td>2</td><td>地下工程</td><td>12.83</td><td>5.13</td></tr>
<tr><td>3</td><td colspan="2">轨道工程</td><td>6.22</td><td>2.45</td></tr>
</table>

02 供电、通信信号、智能机电工程

1. 安全文明施工费

项目名称			通信、信号工程	供电工程	智能与控制系统、机电工程
计费基数			人工费		
费率（%）			22.61	22.96	22.74
其中	环境保护	%	3.11	3.02	3.18
	文明施工	%	7.23	7.02	6.97
	安全施工	%	7.51	7.30	7.78
	临时设施	%	4.76	4.62	4.81

2. 企业管理费

序号	项目名称		计费基数	企业管理费率（%）	其中
					现场管理费率（%）
1	通信 信号工程		人工费	63.21	27.66
2	供电工程			66.95	29.21
3	智能与控制系统机电工程	智能与控制系统工程		65.19	27.87
		机电工程		66.30	28.43

五、税金

序号	项目名称	计费基数	税率(%)
1	税金	税前工程造价	11.00

说明：1. 税金适用2012年《北京市建设工程计价依据——预算定额》、2012年《北京市房屋修缮工程计价依据——预算定额》、2014年《北京市城市轨道交通运营改造工程计价依据——预算定额》的调整。

增值税税率及征收率明细表

纳税人身份	计税模式	税目（应税行为）	税率	发票类型	可否抵扣	备注
一般纳税人	一般计税	提供适用 17% 税率的行为				
		1、销售或进口货物	17.0%	专用发票	可以	
		2、提供应税劳务（加工、修理修配等）	17.0%	专用发票	可以	
		3、租赁服务（有形动产）	17.0%	专用发票	可以	
		（1）融资租赁服务	17.0%			
		①有形动产融资租赁服务	17.0%			
		（2）经营租赁服务	17.0%	专用发票	可以	
		①有形动产经营租赁业务	17.0%	专用发票	可以	
	一般计税	提供适用 13% 税率的行为				
		1、粮食、食用植物油	13.0%	农产品销售发票或收购发票	可以	
		2、自来水、暖气、冷气、热气、煤气、石油液化气、天然气、沼气、居民用煤炭制品	13.0%	专用发票	可以	
		3、图书、报纸、杂志	13.0%	专用发票	可以	
		4、饲料、化肥、农药、农机（整机）、农膜	13.0%	专用发票	可以	
		5、国务院规定的其他货物	13.0%	专用发票	可以	
		6、农产品（指各种动、植物初级产品，不含淀粉）；食用盐；二甲醚	13.0%	专用发票	可以	
		7、音像制品；电子出版物	13.0%	专用发票	可以	
	一般计税	提供适用 11% 税率的行为				
		1、交通运输服务	11.0%			

续表

纳税人身份	计税模式	税目（应税行为）	税率	发票类型	可否抵扣	备注
一般纳税人	一般计税	（1）陆路运输服务	11.0%	专用发票	可以	
		①铁路运输服务	11.0%	专用发票	可以	
		②其他陆路运输服务	11.0%	专用发票	可以	
		（2）水路运输服务	11.0%	专用发票	可以	
		①程租业务	11.0%	专用发票	可以	
		②期租业务	11.0%	专用发票	可以	
		（3）航空运输服务	11.0%	专用发票	可以	
		①航空运输的湿租服务	11.0%	专用发票	可以	
		（4）管道运输服务	11.0%	专用发票	可以	
		①无运输工具承运服务	11.0%	专用发票	可以	
		2、邮政服务	11.0%	专用发票	可以	
		（1）邮政普遍服务	11.0%	专用发票	可以	
		①函件	11.0%	专用发票	可以	
		②包裹	11.0%	专用发票	可以	
		（2）邮政特殊服务	11.0%	专用发票	可以	
		①邮政特殊服务	11.0%	专用发票	可以	
		（3）其他邮政服务	11.0%	专用发票	可以	
		①邮册等邮品销售、邮政代理业务活动	11.0%	专用发票	可以	
		3、电信服务（基础）	11.0%	专用发票	可以	
		（1）基础电信服务	11.0%	专用发票	可以	
		①基础电信服务	11.0%	专用发票	可以	
		4、建筑服务	11.0%	专用发票	可以	
		（1）工程服务	11.0%	专用发票	可以	
		①工程服务	11.0%	专用发票	可以	
		（2）安装服务	11.0%	专用发票	可以	
		①安装服务	11.0%	专用发票	可以	
		（3）修缮服务	11.0%	专用发票	可以	
		①修缮服务	11.0%	专用发票	可以	

续表

纳税人身份	计税模式	税目（应税行为）	税率	发票类型	可否抵扣	备注
一般纳税人	一般计税	（4）装饰服务	11.0%	专用发票	可以	
		①装饰服务	11.0%	专用发票	可以	
		（5）其他建筑服务	11.0%	专用发票	可以	
		①其他建筑服务	11.0%	专用发票	可以	
		5、销售不动产	11.0%	专用发票	可以	
		（1）销售建筑物	11.0%	专用发票	可以	
		①建筑物	11.0%	专用发票	可以	
		（2）销售构筑物	11.0%	专用发票	可以	
		①构筑物	11.0%	专用发票	可以	
		6、销售无形资产（土地使用权）	11.0%	专用发票	可以	
		（1）自然资源使用权	11.0%	专用发票	可以	
		①土地使用权	11.0%	专用发票	可以	
		7、租赁服务（不动产）	11.0%	专用发票	可以	
		（1）融资租赁服务	11.0%			
		②不动产融资租赁服务	11.0%			
		（2）经营租赁服务	11.0%	专用发票	可以	
		②不动产经营租赁业务	11.0%	专用发票	可以	
	一般计税	提供适用6%税率的行为				
		1、电信服务（增值）	6.0%	专用发票	可以	
		（2）增值电信服务	6.0%	专用发票	可以	
		①增值电信服务	6.0%	专用发票	可以	
		2、金融服务	6.0%			
		（1）贷款服务	6.0%			
		①贷款	6.0%			
		②融资性售后回租	6.0%			
		（2）直接收费金融服务	6.0%			
		①直接收费金融服务	6.0%			
		（3）保险服务	6.0%	专用发票	可以	

续表

纳税人身份	计税模式	税目（应税行为）	税率	发票类型	可否抵扣	备注
一般纳税人	一般计税	①人身保险服务	6.0%		不可以	
		②财产保修服务	6.0%	专用发票	可以	
		（4）金融商品转让	6.0%	专用发票	可以	
		①金融商品转让	6.0%			
		②其他金融商品转让	6.0%			
		3、现代服务	6.0%	专用发票	可以	
		（1）研发和技术服务	6.0%	专用发票	可以	
		①研发服务	6.0%	专用发票	可以	
		②合同能源管理服务	6.0%	专用发票	可以	
		③工程勘察勘探服务	6.0%	专用发票	可以	
		④专业技术服务	6.0%	专用发票	可以	
		（2）信息技术服务	6.0%	专用发票	可以	
		①软件服务	6.0%	专用发票	可以	
		②电脑设计及测算服务	6.0%	专用发票	可以	
		③信息系统服务	6.0%	专用发票	可以	
		④业务流程管理服务	6.0%	专用发票	可以	
		⑤信息系统增值服务	6.0%	专用发票	可以	
		（3）文化创意服务	6.0%	专用发票	可以	
		①设计服务	6.0%	专用发票	可以	
		②知识产权服务	6.0%	专用发票	可以	
		③广告服务	6.0%	专用发票	可以	
		④会议展览服务	6.0%	专用发票	可以	
		（4）物流辅助服务	6.0%	专用发票	可以	
		①航空服务	6.0%	专用发票	可以	
		②港口码头服务	6.0%	专用发票	可以	
		③货运客运场站服务	6.0%	专用发票	可以	
		④打捞救助服务	6.0%	专用发票	可以	
		⑤装修搬运服务	6.0%	专用发票	可以	
		⑥仓储服务	6.0%	专用发票	可以	

续表

纳税人身份	计税模式	税目（应税行为）	税率	发票类型	可否抵扣	备注
一般纳税人	一般计税	⑦收派服务(收、分、派)	6.0%	专用发票	可以	
		(5) 鉴证咨询服务	6.0%	专用发票	可以	
		①认证服务	6.0%	专用发票	可以	
		②鉴证服务	6.0%	专用发票	可以	
		③咨询服务	6.0%	专用发票	可以	
		(6) 广播影视服务	6.0%	专用发票	可以	
		①广播影视节目(作品)制作服务	6.0%	专用发票	可以	
		②广播影视节目(作品)发行服务	6.0%	专用发票	可以	
		③广播影视节目(作品)播映服务	6.0%	专用发票	可以	
		(7) 商务辅助服务	6.0%	专用发票	可以	
		①企业管理服务	6.0%	专用发票	可以	
		②经纪代理服务	6.0%	专用发票	可以	
		③人力资源服务	6.0%	专用发票	可以	
		④安全保护服务	6.0%	专用发票	可以	
		(8) 其他现代服务	6.0%	专用发票	可以	
		①其他现代服务	6.0%	专用发票	可以	
		4、生活服务	6.0%			
		(1) 文化体育服务	6.0%	专用发票	可以	
		①文化服务	6.0%	专用发票	可以	
		②体育服务	6.0%	专用发票	可以	
		(2) 教育医疗服务	6.0%	专用发票	可以	
		①教育服务	6.0%	专用发票	可以	
		②医疗服务	6.0%	专用发票	可以	
		(3) 旅游娱乐服务	6.0%	专用发票	可以	
		①旅游服务	6.0%	专用发票（非集体福利等）	可以	

续表

纳税人身份	计税模式	税目（应税行为）	税率	发票类型	可否抵扣	备注
一般纳税人	一般计税	②娱乐服务	6.0%	专用发票（非个人消费等）	可以	
		（4）餐饮住宿服务	6.0%			
		①餐饮服务	6.0%	普通发票、专用发票	不可以	
		②住宿服务	6.0%	专用发票	可以	
		（5）居民日常服务	6.0%	增值税专用发票（用于生产经营）	可以	
		（6）其他生活服务	6.0%	专用发票	可以	
		5、销售无形资产	6.0%			
		（1）技术	6.0%	专用发票	可以	
		①专利技术	6.0%	专用发票	可以	
		②非专利技术	6.0%	专用发票	可以	
		（2）商标	6.0%	专用发票	可以	
		（3）著作权	6.0%	专用发票	可以	
		（4）商誉	6.0%	专用发票	可以	
		（5）其他权益性无形资产	6.0%	专用发票	可以	
		（6）自然资源使用权	6.0%	专用发票	可以	
		①海域使用权	6.0%	专用发票	可以	
		②探矿权	6.0%	专用发票	可以	
		③采矿权	6.0%	专用发票	可以	
		④取水权	6.0%	专用发票	可以	
		⑤其他自然资源使用权	6.0%	专用发票	可以	
所有纳税人	简易、征收率	提供适用5%征收率的行为				
		1、销售不动产	5.0%	专用发票	可以	
		（1）取得的不动产（差额纳税）	5.0%	专用发票	可以	

续表

纳税人身份	计税模式	税目（应税行为）	税率	发票类型	可否抵扣	备注
一般纳税人	简易计税	①一般纳税人（2016年4月30日前取得）	5.0%	专用发票	可以	
小规模纳税人	征收率	②小规模纳税人（不含购买的住房和个人销售不动产）	5.0%	专用发票	可以	
小规模纳税人	征收率	③其他个人（不含其购买的住房）	5.0%	专用发票	可以	
所有纳税人	简易、征收率	(2)自建的不动产(全额纳税)	5.0%	专用发票	可以	
一般纳税人	简易计税	①一般纳税人（2016年4月30日前取得）	5.0%	专用发票	可以	
小规模纳税人	征收率	②小规模纳税人	5.0%	专用发票	可以	
所有纳税人	简易、征收率	(3)房地产开发企业销售自行开发的项目（全额纳税）	5.0%	专用发票	可以	
一般纳税人	简易计税	①一般纳税人（2016年4月30日前取得）	5.0%	专用发票	可以	
小规模纳税人	征收率	②小规模纳税人	5.0%	专用发票	可以	
小规模纳税人	征收率	(4)个人销售住房（购买不足2年）（全额纳税）	5.0%	专用发票	可以	
所有纳税人	简易、征收率	2、不动产经营租赁	5.0%	专用发票	可以	
		(1)取得的不动产	5.0%	专用发票	可以	
一般纳税人	简易计税	①一般纳税人（2016年4月30日前取得）	5.0%	专用发票	可以	
小规模纳税人	征收率	②小规模纳税人（不含个人出租住房）	5.0%	专用发票	可以	

续表

纳税人身份	计税模式	税目（应税行为）	税率	发票类型	可否抵扣	备注
小规模纳税人	征收率	③其他个人（不含住房）	5.0%	专用发票	可以	
一般纳税人	简易计税	3、中外合作油（气）田开采（含中外双方签定石油合同合作开采陆上）的原油、天然气	5.0%	专用发票	可以	
所有纳税人	简易、征收率	提供适用 3% 征收率的行为				
小规模纳税人	征收率	1、小规模纳税人发生的应税行为	3.0%	专用发票	可以	
		(1)小规模纳税人销售货物、劳务、无形资产、服务	3.0%	专用发票	可以	
		①销售货物	3.0%	专用发票	可以	
		②提供劳务	3.0%	专用发票	可以	
		③转让无形资产	3.0%	专用发票	可以	
		④销售服务（建筑、运输、现代服务、生活服务等）	3.0%	专用发票	可以	
		(2) 小规模纳税人（除其他个人外）销售自己使用过的除固定资产以外的物品	3.0%	专用发票	可以	
		(3) 小规模纳税人销售自己使用过的固定资产（可放弃减税，代开专用发票）	3.0%	专用发票	可以	
一般纳税人	简易计税	2、一般纳税人可选择按征收率 3% 计税的行为	3.0%	专用发票		
		(1) 有形动产经营租赁	3.0%	专用发票	可以	
		①公路经营企业收取试点前开工（在 2016 年 4 月 30 日前）的高速公路的车辆通行费	3.0%	专用发票	可以	

续表

纳税人身份	计税模式	税目（应税行为）	税率	发票类型	可否抵扣	备注
一般纳税人	简易计税	②以纳入营改增试点之日前取得的有形动产为标的物提供的经营租赁服务	3.0%	专用发票	可以	
		③在纳入营改增试点之日前签订的尚未执行完毕的有形动产租赁合同	3.0%	专用发票	可以	
		（2）建筑服务	3.0%	专用发票	可以	
		①以清包工方式提供的建筑服务	3.0%	专用发票	可以	
		②为甲供工程提供的建筑服务	3.0%	专用发票	可以	
		③为建筑工程老项目提供的建筑服务（2016年4月30日前）	3.0%	专用发票	可以	
		（3）交通运输服务	3.0%	专用发票	可以	
		①提供的公共交通运输服务（包括轮客渡、公交客运、地铁、城市轻轨、出租车、长途客运、班车）	3.0%	专用发票	可以	
		（4）现代服务	3.0%	专用发票	可以	
		①提供的电影放映服务	3.0%	专用发票	可以	
		②提供的仓储服务	3.0%	专用发票	可以	
		③提供的装卸搬运服务	3.0%	专用发票	可以	
		④提供的收派服务	3.0%	专用发票	可以	

续表

纳税人身份	计税模式	税目（应税行为）	税率	发票类型	可否抵扣	备注
一般纳税人	简易计税	⑤经认定的动漫企业为开发动漫产品提供的动漫脚本编撰、形象设计、背景设计、动画设计、分镜、动画制作、摄制、描线、上色、画面合成、配音、配乐、音效合成、剪辑、字幕制作、压缩转码（面向网络动漫、手机动漫格式适配）服务，以及在境内转让动漫版权（包括动漫品牌、形象或者内容的授权及再授权）	3.0%	专用发票	可以	
		（5）生活服务	3.0%	专用发票	可以	
		①提供的文化体育服务	3.0%	专用发票	可以	
		（6）特殊货物	3.0%			
		①药品经营企业获准从事生物制品经营的药品批发和零售企业销售生物制品	3.0%			
		②兽用药品经营企业获准从事兽用生物制品经营的兽用药品批发和零售企业销售兽用生物制品	3.0%			
		③光伏发电项目发电户（个人和不经常发生应税行为的非企业性单位）销售电力产品（有减免）	3.0%			

续表

纳税人身份	计税模式	税目（应税行为）	税率	发票类型	可否抵扣	备注
一般纳税人	简易计税	④自2015年9月1日起至2016年6月30日，对增值税一般纳税人销售的库存化肥（在2015年8月31日前生产或购进的尚未销售的化肥）	3.0%			
		(7)由原4%征收率改为按3%征收率计税的行为（开专用发票）	3.0%	专用发票		
		①寄售商店代销寄售物品（含居民个人寄售的物品）	3.0%			
		②典当业销售死当物品	3.0%			
		(8)由原6%征收率改为可选择按3%征收率计税的销售货物行为	3.0%	专用发票		
		①县级及县级以下小型水利发电单位生产的电力	3.0%	专用发票		
		②自产的建筑用和生产建筑材料所用的砂、土、石料	3.0%	专用发票		
		③以自己采掘的砂、土、石料或其他矿物连续生产的砖、瓦、石灰（不含黏土实心砖、瓦）	3.0%	专用发票		
		④用微生物、微生物代谢产物、动物毒素、人或动物的血液或组织，自产制成的生物制品	3.0%	专用发票		

续表

纳税人身份	计税模式	税目（应税行为）	税率	发票类型	可否抵扣	备注
一般纳税人	简易计税	⑤自产的自来水	3.0%	专用发票		
		⑥自产的以水泥为原料生产的商品混凝土	3.0%	专用发票		
		⑦一般纳税人的自来水公司销售自来水（不含桶装水）	3.0%	专用发票		
		⑧一般纳税人（固定业户）未持“外出经营活动税收管理证明”，临时到外省、市销售货物的，经营地税务机关按3%的征收率征税，需开具专用发票的回原地补开	3.0%	专用发票		
		⑨属于增值税一般纳税人的单采血浆站销售非临床用人体血液（但不得对外开具增值税专用发票）	3.0%	专用发票		
所有纳税人	简易、征收率	提供减按2%征收的行为				
一般纳税人	简易计税	1、一般纳税人销售使用过的固定资产及旧货现减按2%计税	2.0%			
		（1）销售旧货（不包括自己使用过的物品）	2.0%			
		（2）销售使用过的固定资产（不含不动产）	2.0%			
		①一般纳税人销售自己使用过的、纳入营改增试点之日前取得的固定资产	2.0%			

续表

纳税人身份	计税模式	税目（应税行为）	税率	发票类型	可否抵扣	备注
一般纳税人	简易计税	②纳税人购进或者自制固定资产时为小规模纳税人，认定为一般纳税人后销售该自己使用过的固定资产	2.0%			
一般纳税人	简易计税	③一般纳税人销售其按照规定不得抵扣且未抵扣进项税额的已使用过的固定资产	2.0%			
小规模纳税人	征收率	2、小规模纳税人（除其他个人外）销售自己使用过的固定资产和旧货	2.0%			
		（1）销售自己使用过的固定资产	2.0%			
		（2）销售旧货（不包括自己使用过的物品）	2.0%			
所有纳税人	征收率	3、专门从事旧货买卖的企业销售旧货	2.0%			
个人	征收率	提供减按 1.5% 征收的行为				
个人	征收率	1、个人出租住房，按照 5% 的征收率减按 1.5% 计算应纳税额	1.5%	专用发票	可以	
所有纳税人	简易、征收率	提供适用 0% 税率和免税的行为				
所有纳税人	简易、征收率	1、适用零税率的应税行为	0.0%			
所有纳税人	简易、征收率	（1）国际运输服务	0.0%			
		（2）航天运输服务	0.0%			

续表

纳税人身份	计税模式	税目（应税行为）	税率	发票类型	可否抵扣	备注
所有纳税人	简易、征收率	（3）向境外单位提供的完全在境外消费的下列服务	0.0%			
		①研发服务	0.0%			
		②合同能源管理服务	0.0%			
		③设计服务	0.0%			
		④广播影视节目（作品）的制作和发行服务	0.0%			
		⑤软件服务	0.0%			
		⑥电路设计及测试服务	0.0%			
		⑦信息系统服务	0.0%			
		⑧业务流程管理服务	0.0%			
		⑨离岸服务外包业务	0.0%			
		⑩转让技术	0.0%			
		（4）财政部和国家税务总局规定的其他服务	0.0%			
		2、免征增值税的应税行为	0.0%			
		（1）财政部和国家税务总局规定适用增值税零税率的除外的服务	0.0%			
		①工程项目在境外的建筑服务	0.0%			
		②工程项目在境外的工程监理服务	0.0%			
		③工程、矿产资源在境外的工程勘察勘探服务	0.0%			
		④会议展览地点在境外的会议展览服务	0.0%			
		⑤存储地点在境外的仓储服务	0.0%			

续表

纳税人身份	计税模式	税目（应税行为）	税率	发票类型	可否抵扣	备注
所有纳税人	简易、征收率	⑥标的物在境外使用的有形动产租赁服务	0.0%			
		⑦在境外提供的广播影视节目（作品）的播映服务	0.0%			
		⑧在境外提供的文化体育服务、教育医疗服务、旅游服务	0.0%			
		（2）为出口货物提供的邮政服务、收派服务、保险服务	0.0%			
		（3）向境外单位提供的完全在境外消费的下列服务和无形资产	0.0%			
		①电信服务	0.0%			
		②知识产权服务	0.0%			
		③物流辅助服务（仓储服务、收派服务除外）	0.0%			
		④鉴证咨询服务	0.0%			
		⑤专业技术服务	0.0%			
		⑥商务辅助服务	0.0%			
		⑦广告投放地在境外的广告服务	0.0%			
		⑧无形资产	0.0%			
		（4）以无运输工具承运方式提供的国际运输服务	0.0%			
		（5）与境内的货物、无形资产和不动产无关的为境外单位之间的货币资金融通及其他金融业务提供的直接收费金融服务	0.0%			
		（6）财政部和国家税务总局规定的其他服务	0.0%			

后记

2016年是“营改增”全面推开的关键年度，随着财税〔2016〕36号文的颁发，以及随后颁布的诸多补充性文件和政策解释，各个行业全面推行“营改增”,全国各地普遍掀起“营改增”研讨与学习热潮。正是在这种形势下，我们组织编写了这套《“营改增”新政解读与税务处理》丛书。

“营改增”新政的实施对各个行业而言，既是挑战也是机遇，是企业管理模式的创新和经营机制的再造。本套丛书以案例解读“营改增”新政，力求做到政策性强、可操作性强，能够对管理层、财税人员有极大的指导和帮助。

参与丛书编写工作的有蔡昌、白茜、陈宇翔、李梦娟、高皓洁、黄洁瑾、黄颖超、黄荷卿、鲁兵兵、罗怡霏、蔡一炜、王程祥、闻晓娟、姚垚等。本书在写作过程中，参阅了大量文献和网络资料，未能一一列出，在此一并向原作者表示感谢。此次出版的这个版本，相关“营改增”法规收录至2016年8月底。读者在阅读本套丛书时有何政策及实践操作疑问，欢迎来信来函和我们交流，交流邮箱：taxplanning_cufe@163.com。

由于时间仓促，编者水平有限，疏漏和谬误之处在所难免，敬请读者批评指正。

编　者

二零一六年八月